Le parcours du combattant

JEAN PIAT

LE PARCOURS DU COMBATTANT *J'ai lu* 3028/**4***
LA VIEILLE DAME DE LA LIBRAIRIE

Jean Piat

Le parcours du combattant

Éditions J'ai lu

PREMIÈRE PARTIE

27 décembre 1988. Onze heures trente du soir.

– Ou bien ils s'aiment... ou bien ils ne s'aiment pas...

Allongé sur le divan de son bureau, Fabrice Bertier, acteur célèbre, très célèbre, rumine. Pense. Cogite. S'interroge. Réfléchit. Bref, gamberge !

Il est occupé à lire une pièce.

Une pièce dont la deuxième partie ne lui plaît pas.

– Venez au théâtre, mon cher ami ! Venez au théâtre ! Vos films prouvent que vous avez le sens de la scène. Décidez-vous. C'est le moment. Ce sera votre bain de jouvence...

Fabrice Bertier, acteur célèbre, très célèbre, s'est laissé convaincre par un directeur-de-théâtre-ami revenant à la charge pour la énième fois. Et ce soir il a entre les mains *Le Piège*, objet de cette sollicitude plus ou moins désintéressée.

Et il cogite.

– S'ils s'aiment... pourquoi s'engueulent-ils à ce point-là ?...

S'ils ne s'aiment pas, il n'y a plus de pièce!...

Fabrice Bertier, acteur célèbre, très célèbre, tenté au début de sa vie par la démangeaison d'écrire, n'a jamais mis les pieds sur une scène. Il en redoute les périls. Il a-fait-toute-sa-carrière-au-cinéma, comme on l'écrit dans les gazettes.

Alors il s'interroge.

Fabrice Bertier, acteur célèbre, très célèbre, est à l'âge-charnière. L'âge du doute. L'âge du « plus assez jeune, pas encore assez vieux ». L'âge du changement d'emploi.

– Changer d'emploi... faut pouvoir!...

Alors il réfléchit.

La génération des quarante ans monte. Elle a du talent. Elle occupe les places. Lui, Bertier, voit filer les rôles qu'il jouait encore il y a... trois, cinq ou dix ans.

– C'est normal... Ça m'est arrivé à moi aussi...

Malgré ce raisonnement sain, Fabrice Bertier, grosse, grandissime vedette, dont les films ont régulièrement « fait sur Paris » leurs deux millions d'entrées (le double en province!), les regarde maintenant – avec nostalgie – passer à la télévision...

Sans amertume mais avec quelques pincements au cœur. Il en sourit souvent. Il s'en angoisse aussi.

On parle beaucoup de lui à l'occasion de ce défilé des anciens combattants... et cela le console un peu.

Mais tous les acteurs ne parviennent pas à changer d'emploi, de personnage. Il le sait.

Et puis il vient d'essuyer trois échecs en trois ans. Cela aussi il le sait.

Même si, gentiment, on en parle moins... pour l'instant.

Il s'en remet mal.

– Trois bides de suite : c'est beaucoup.

Oui. C'est beaucoup. C'est trop. La cote d'alerte est atteinte.

Il a beau se répéter la prudente maxime du merveilleux Devos, celle qui rend modestes tous les acteurs, les auteurs, et les gens du spectacle, celle qui relativise tout :

– Un triomphe, c'est un bide auquel on vient d'échapper!

Ou bien encore la sage réflexion du directeur-ami pensant à sa feuille de location au soir d'une récente et éclatante première :

– Pourvu que ce triomphe soit suivi d'un succès...

Ces petites boutades avisées qui, d'habitude, l'ont toujours amusé ne le réconfortent plus.

Oh! ce n'est pas un problème d'argent, loin de là! Fabrice Bertier possède sa propre maison de production. Sa marque de parfum. Une ligne de vêtements à son nom. Il possède une usine de couches-culottes, des studios dans Paris, sa villa Côte d'Azur, sa maison Ile-de-France et un appartement au Champ-de-Mars!

Il est à l'abri.

Il a su travailler « à l'américaine ».

La FAVIC S.A., c'est beaucoup, beaucoup d'argent.

Mais Fabrice Bertier est un artiste.

Son univers c'est le spectacle.

Sa vie, son orgueil, sa joie, c'est jouer. C'est plaire, être aimé. Sa crainte, c'est l'âge. Sa tristesse, l'oubli. Ses constats, les rôles qui s'échappent. Les jeunes premiers, c'est fini. Restent... les autres. Si possible!

Fabrice Bertier ne se résigne pas. Pas encore.

N'avoir jamais été un acteur populaire, c'est dur.

Constater chaque année que le niveau baisse ne l'est pas moins. Qu'est-ce qui ne va plus? Qu'est-ce qui a changé? Lui, le cinéma, le public?

L'art dramatique s'intéresse en règle générale à la jeunesse, à l'homme en pleine maturité. Pas au vieillard. Enfin... moins! Beaucoup moins.

Bertier le sait. Il sait qu'il a besoin d'une relance, d'un « quelque chose » de neuf! Il a besoin de prendre un risque...

– Jouez une pièce, mon cher ami! Jouez une pièce! Une belle pièce! Drôle! Comme nous les aimons! Comme le public les aime! Le théâtre vous vaudra des joies inexprimables! Tout à fait inconnues au cinéma. Pensez-y! Pensez-y!...

Oh! il y pense ce soir, Fabrice Bertier, en ruminant sur son divan, la brochure sur les genoux. Il y pense.

– En suis-je capable? Si ça marche... faut jouer tous les soirs... Si ça ne marche pas...

Il fixe la blancheur laiteuse du plafond comme s'il espérait voir surgir sur cet écran blafard la solution, les solutions, de tous ses problèmes qu'il ne maîtrise pas.

– Ou bien ils s'aiment... ou bien ils ne s'aiment pas!

Il martèle au passage chaque syllabe. Comme pour mieux se pénétrer du sens des mots. Comme pour obliger l'auteur et ses personnages à s'en pénétrer, eux aussi.

– Ou bien ils s'aiment ou bien... ils ne s'aiment pas!

Il n'y a pas à sortir de là!

Fabrice Bertier vit des moments difficiles. Depuis des mois. Il est à la recherche de son second souffle.

Un peu comme un auteur dramatique est à la recherche de son second acte.

Quand, après avoir trouvé la réplique décisive, flamboyante, qui va faire hurler de rire une salle déjà chauffée à blanc ou bien prendre à la gorge les spectateurs haletants, l'auteur, délivré, écrit sur son manuscrit, juste au-dessous de la réplique miracle, la petite phrase libératrice...

Et pour la première fois tombe le...
RIDEAU!

Entracte! Par ici le bar! Chocolats glacés, bonbons acidulés! Pastilles de menthe! Pochettes-surprises...

Vingt minutes d'entracte...

Et immédiatement le rideau va se relever.

Sur quoi?

C'est à cet instant précis que, souvent, bute l'auteur dramatique.

Comme, aux approches de la soixantaine, bute l'homme mûr sur sa vie personnelle. Comment va se continuer le parcours? Dans les mêmes décors? Avec les mêmes accessoires? Les mêmes costumes, les mêmes lumières? Et surtout, surtout, les mêmes personnages?...

– Ou bien ils s'aiment... ou bien ils ne s'aiment pas!

Fabrice Bertier vit l'instant douloureux des doutes et des choix. Et depuis près d'une heure il se pose et se repose les mêmes questions.

Il a commencé par tourner en rond, comme chaque fois, autour de son bureau, petite pièce faiblement éclairée qui, ce soir, se transforme peu à peu en chambre de torture. Il a lu quelques répliques à voix haute pour s'entendre dire le texte.

Cet exercice, d'ordinaire très efficace, ne lui a pas apporté ce soir la satisfaction désirée.

Il a bu directement au goulot un peu de cette « Vittel-Hépar », la-seule-qui-contribue-à-lutter-contre-le-déficit-magnésique-qui-tous-nous-atteint après la cinquantaine. Eau miracle qui permet d'éviter anxiété, fatigue ou insomnie, et remonte le quotient intellectuel, dixit le corps médical : aucun résultat.

De là, il est allé faire pipi. Chacun sait que ce souverain soulagement, en se révélant propice à une méditation sereine bien que brève, n'est pas sans efficacité : ZÉ-RO!

Il s'est alors allongé sur son divan comme s'il attendait de cette position reposante un allégement de ses sombres pensées. La solution n'est toujours pas en vue. Le résultat se fait attendre.

Cet homme au naturel si léger, si charmant, a ce soir le cœur au nord!

Est-ce l'effet d'une existence agitée?

Fabrice Bertier vient d'épouser une très jeune beauté. Il est un âge où, disent les envieux (acteurs et autres), les preuves qu'on s'efforce de donner à sa belle d'une robustesse renaissante ébranlent les plus fortes constitutions.

Il a beau tirer sur ses idées comme sur le fil d'une bobine, la bobine grippe. Le fil se casse. L'inspiration le fuit.

– C'est dangereux d'épouser une jeune nymphe, lui murmure une voix intérieure.

– Elle est aux sports d'hiver, lui répond-il.

– Oui. Mais tu te demandes l'âge du moniteur...

Serait-ce alors la crise obsédante du cinéma français qui trouble sa concentration?

Fabrice Bertier constate d'année en année la diminution des salles et des spectateurs. Et que la plupart d'entre eux se persuadent qu'ils ont vu le film... « rien qu'en regardant les affiches ».

« Le cinéma français est mon souci permanent... il fait l'objet de tous mes soins », disent les ministres qui se succèdent à la Culture...

Vous n'avez donc rien à craindre, monsieur Bertier. Monsieur le ministre s'en occupe!

– Venez au théâtre, mon cher ami, venez au théâtre! Le théâtre sera votre relais... votre renaissance!

Fabrice Bertier soupire, hausse les épaules, comme pour renvoyer ces voix spécieuses d'où elles viennent. Et, pour chasser ses doutes, il se décide à relire la première scène de cette fameuse seconde partie. Hélas! Il ne la trouve pas meilleure que les précédentes.

Il songe, avec horreur, que ce travail, si difficile, risque d'être balayé en quelques minutes au soir d'une « générale polie ». De celles auxquelles il lui est arrivé d'assister et que les acteurs commentent à l'auteur pour le rassurer, en passant devant la loge où s'est réfugié le malheureux – transformé en petit tas de cendres à mesure que se déroulent (mal) les scènes –, d'un « Ils écoutent bien! » plus ou moins allègre.

Ce qui, en langage clair, signifie qu'un silence de glace s'est peu à peu étendu sur la salle. L'imagination, « maîtresse d'erreur et de fausseté », est fertile chez Fabrice Bertier. Il lit déjà dans la page spectacles des quotidiens du lendemain l'exécution en dix lignes de ce précieux ouvrage. Il aperçoit, plus atroce encore, la simple note, attribuée avec indulgence par un journaliste pressé : « 3 sur 10. » Dur, dur!

– Mais quel... crétin je suis! s'exclame-t-il. Je perds mon temps...

Il est bien connu que l'acteur, animal solitaire, se parle à lui-même, et à voix haute en certaines occasions. Pour essayer son texte, par exemple, quand il est déjà l'otage de ces petites créatures sans corps auxquelles il va prêter bientôt le sien, et qu'on appelle des personnages.

Petits diables turbulents, ils s'agitent dans son crâne malgré le flou de leur destin. Comme les enfants impatients de quelque colonie de vacances, ignorant les dangers de la marée montante, se précipitent sur une plage. Responsable futur de leurs jours, soucieux de leur bien-être, l'acteur, docile à leur commandement, leur parle. Parfois même avec violence, en dévidant le fil de leur vie comme un père parle à son impudente marmaille.

– Jamais je ne pourrai jouer ce truc-là ! Prendre un risque... d'accord... mais... pas sans biscuits ! Et puis... *Le Piège*... quel mauvais titre !

C'est sur le conseil du Dr Jacques Beauchamp que le directeur-de-théâtre-ami a transmis cette pièce à Bertier.

– De toute façon, vous lui ferez plaisir. Il a un moral épouvantable depuis quelques semaines. Il s'angoisse... il sera heureux de voir que l'on pense à lui.

Et le Dr Beauchamp connaît bien Bertier. C'est même son plus vieil ami.

– Décidément, ce n'est pas facile d'écrire pour le théâtre...

Eh non ! On dit même que c'est l'exercice littéraire le plus périlleux, lui répond encore une voix intérieure.

Une cigarette lui permettra une meilleure approche. Il allonge le bras pour en prendre une dans un coffret de cuir posé en bonne place sur son bureau. C'est alors qu'il aperçoit le paquet ; le paquet « recommandé », sale et mal ficelé, arrivé en fin d'après-midi et qu'il a négligé d'ouvrir...

Et sur le paquet, la lettre de Marcel.

« Mon petit vieux,

J'ai reçu cela. Je l'ai lu. Je te l'envoie. Il y a

quelque chose à en tirer. J'en suis sûr. Ne serait-ce qu'un point de départ. Lis et donne-moi ton avis.

Lis d'abord la lettre de la bonne femme. Tu comprendras.

Pourquoi je t'envoie l'enfant, moi qui d'habitude n'aime pas piquer les idées des autres?!! Cette fois-ci, c'est un peu spécial.

Je t'embrasse. »

– Ah! sacré vieux Marcel. Il est merveilleux. Il y a pourtant longtemps que je ne l'ai pas vu!

C'est vrai.

Fabrice Bertier et Marcel Berland, un des meilleurs écrivains de sa génération, ne se voient pas souvent. Mais ils s'aiment bien. Ils ont fait six films ensemble. Il y a...

– Cher Marcel...

Marcel est un fidèle. Jamais de questions, jamais de reproches. Pas de : « Qu'est-ce que tu deviens? », de : « Tu ne me donnes plus signe de vie. » Non. C'est toujours : « Bon. Alors... voilà! » Et l'idée surgit. La proposition arrive. Bertier et lui ont toujours su tirer le meilleur d'eux-mêmes de ces rencontres et de leur amitié. Malgré le temps, malgré l'âge, malgré la vie. Malgré Geneviève...

Bref, que Marcel ce soir précisément montre le bout de son nez, Bertier en ressent déjà le bienfait. Il y voit comme un signe.

Un peu honteux de sa négligence, il coupe la ficelle, déchire le papier d'emballage. D'une vieille boîte de bonbons à demi écrasée s'échappe aussitôt une odeur de vieux papier.

Elle vient heurter sa narine comme pour lui rappeler d'un seul coup l'odeur particulière des greniers de son enfance...

Lieux mystérieux où il se réfugiait, petit garçon, pour jouer – déjà – aux « gendarmes-voleurs » avec ses copains. Ou pour découvrir, un peu plus tard, avec une jolie cousine, les premières exigences d'une nature impérieuse. Greniers où l'on revient, adulte indifférent, se faire agripper un jour par un objet qui vous appelle, vous retient, vous émeut. Et le souvenir fané, surgi d'un autrefois, d'un jadis ou d'un naguère, s'empare alors de vous.

Il pose devant lui un cahier d'écolier de couleur verdâtre un peu délavée, papier réglures multiples, et l'ouvre.

Les premières pages sont couvertes d'une écriture serrée mais soignée. Celle que les instituteurs d'un autre temps apprenaient à leurs élèves, avec les pleins et les déliés, délicate parure dont on ornait chaque lettre comme pour mieux marquer le respect que l'on doit aux mots, au langage et à l'écriture.

Il se revoit une seconde dans son école près de Limoges, petit écolier en tablier noir, penché sur son cahier, tirant la langue pour mieux tracer d'une plume sergent-major attentive et grinçante les parties grasses des pleins et celles plus fines des déliés. C'est là, déjà, qu'il a connu ses premières terreurs d'artiste consciencieux : la formation des lettres.

Il feuillette le cahier. Très vite les pages sont blanches. Mais dessous se cachent une centaine de feuilles de papier tapées à la machine.

Une lettre glissée entre la couverture et la dernière page s'échappe du cahier. C'est la lettre de la « bonne femme » dont parle Marcel.

Il l'ouvre.

« Cher monsieur,

Je suis une vieille dame de quatre-vingt-six ans et depuis de longues années votre lectrice fervente. J'aime vos livres, votre humeur et votre santé. J'ai souvent le sentiment, en vous lisant, que je suis intelligente. Et cela me rassure !

Lorsque monsieur X est décédé – permettez-moi de lui garder son anonymat car vous le connaissez –, il avait plus de quatre-vingt-neuf ans et il n'a pas pu achever ce journal tenu par lui et abandonné il y a bien longtemps et que, bien des années plus tard, il avait voulu poursuivre. Je me permets de vous l'envoyer. Vous êtes écrivain. Peut-être pourrez-vous faire revivre ces gens qui ne vous sont rien mais qui, pour moi, ont beaucoup compté.

J'en serais si heureuse.

Je sais que cette lettre va vous paraître folle. N'y voyez qu'une marque d'estime et d'admiration très sincère et très profonde.

Quelle que soit votre décision, je vous prie de croire, cher monsieur, à mes sentiments reconnaissants. »

La signature est illisible.

Il y a un post-scriptum.

« Soyez assuré que **personne, jamais,** ne vous réclamera de droits d'auteur. Le double de cette lettre a été déposé chez mon notaire devant huissier. »

– Ahurissant ! Qu'est-ce que c'est que cette blague !

Bertier regarde sa montre. Une heure moins le quart du matin. Impossible de téléphoner à Marcel à cette heure-ci.

Il reprend le papier d'emballage. La pluie ou une volonté quelconque a brouillé le nom et l'adresse de l'expéditeur. Le cachet de la poste laisse vaguement apparaître un numéro de département : 39 ou... 49 ou... 79 ?

Il cherche un instant dans sa mémoire à quelle région peuvent bien correspondre ces chiffres.

– Pourquoi n'a-t-on pas gardé Aveyron, Charente-Inférieure... pardon... Maritime !

Toujours aussi stupéfait il relit la lettre. Qui a bien pu adresser cela à Marcel ?

Réflexe d'acteur : d'un mot on fait une histoire. Il semble à Bertier que ces mots simples recouvrent quelque chose... Pourquoi ?

Il commence aussitôt la lecture du cahier.

La première page contient une sorte d'avertissement.

... Si, hasard ou accident, ce cahier était retrouvé par quelqu'un de ma famille, je lui demande instamment de ne pas lire plus avant et de refermer immédiatement ce cahier.

– Allons bon !

Les derniers mots sont soulignés.

Déjà Bertier se demande pourquoi on n'a pas obéi à cette injonction.

Ne s'estimant pas de la famille, il tourne la première page.

En haut et à droite de la seconde feuille il peut lire :

Cette confession est destinée à un seul être au monde qui la lira un jour si le destin le veut...

– Bizarre. Bizarre !

Pourquoi a-t-on violé une volonté aussi nettement exprimée ?

En tout cas, Marcel a raison : c'est un bon point de départ.

Au bas de cette feuille restée blanche, quelques mots ont été ajoutés. L'écriture est différente, plus nette, plus affirmée...

Pourquoi Bertier a-t-il la vague impression de reconnaître cette écriture ?

A toi que j'aime. Même si je ne t'en ai pas donné de preuves suffisantes. Afin que tu puisses recevoir un jour cette confidence comme une conversation que nous n'avons jamais eue.

J'ai vécu une autre vie que la mienne.

Commencée dans une indifférence insouciante, mon existence s'achève dans l'angoisse.

– Allons bon ! Lui aussi !

... Je l'ai rencontrée pour la première fois en 1948.

Depuis trois ans le monde était en paix. Du

moins est-ce ainsi qu'il convient d'appeler cet espace incertain entre les guerres.

Gandhi, apôtre obstiné de la non-violence, « un saint parmi les hommes politiques, un homme politique parmi les saints », disait-on de lui, Gandhi, premier héros de l'indépendance de l'Inde, venait d'être assassiné...

L'Etat d'Israël était constitué. Et déjà, malgré l'espérance de tout un peuple, cette naissance marquait le début d'une « longue litanie de sang, de massacres et de haine ».

Car aussitôt – le désespoir et la colère des autres l'expliquant – la guerre avait éclaté entre le nouvel Etat et les pays voisins.

L'Union soviétique et les Etats-Unis, se réclamant l'une et l'autre de la démocratie, entament cette année-là une partie de bras de fer à Berlin. Une guerre dite froide commence. Pendant trois cent dix-huit jours les avions américains vont devoir ravitailler, en près de trois cent mille vols, l'ancienne capitale allemande enfermée dans la zone d'occupation soviétique. Berlin est isolé par un blocus paralysant pour des raisons que, bien entendu, chacun conteste et explique à sa manière. Un dialogue de sourds s'installe pour longtemps entre deux grandes puissances que la guerre mondiale a si efficacement unies pendant de longs mois.

Londres, la ville glorieuse, organise les premiers jeux Olympiques de la paix. Une flamme a été allumée à Olympie. Cette flamme, fragile symbole de pureté, a traversé la Grèce sous les rafales de mitraillettes, elle a rencontré les insurrections en Italie qui, ainsi que le notait la presse du temps, « ont fait vingt et un morts ». Et pourtant, cette flamme, symbole d'union, brillera quand même à Londres! Afin que puisse s'affirmer la jeunesse éternelle du monde.

En France, le général de Gaulle, qui a quitté « les affaires » en 1946, se déclare prêt à y revenir en 1948 tandis que les ministères succèdent aux ministères. Le général ne sait pas encore qu'il lui faudra attendre dix ans pour y parvenir.

En guise de conclusion, Marcel Cerdan vient d'offrir au peuple de France une couronne de champion du monde de boxe, poids moyens, « en battant l'Américain Tony Zale au onzième round ».

En sciences, l'avenir pour un mieux-être s'appelle Zoé. C'est notre première pile atomique que l'on a ainsi baptisée...

Un monde nouveau tente de naître. L'énergie nucléaire représente pour lui l'espoir.

Fabrice Bertier allume sa cigarette. Déjà il se demande où va le mener cette lecture. Comme après un long, très long générique, on se demande où va le film.

La première belle image que je garde d'elle, c'est celle de sa démarche sur un quai de gare à Amsterdam...

Elle semblait glisser, vive et légère, comme une mouette au ras des vagues sur ce quai banal et encombré. Une lumière blonde dominant la foule s'avançait dans l'air propre et sain de ce printemps hollandais.

Ils sont beaux, les printemps du Nord. Plus sains, plus clairs, comme si la nature voulait se faire pardonner les grisailles de l'hiver. Ils semblent plus vrais, plus heureux qu'ailleurs.

A moins que dans mon regard, ce jour-là, l'amour s'en soit déjà mêlé...

Elle repartait pour Paris.

Je l'avais connue la veille chez des amis communs. Nous avions dansé. Cela ne m'était pas arrivé depuis plus de vingt ans. Par grâce, c'était l'heure de la musique douce, quand les soirées commencent à languir. Django Reinhardt jouait sur sa guitare l'air à la mode, Nuages. *J'avais, je crois, épargné ses pieds. Je lui parlais de « ma » guerre, de Dunkerque où le vieux réserviste que j'étais déjà en 1940 avait participé au réembarquement des troupes anglaises. Je lui parlais de Londres où je m'étais retrouvé peu après. Elle ne disait rien. Mais j'ai soudain senti sa tête se poser doucement sur mon épaule...*

Je n'étais plus à l'âge (cinquante-neuf ans!) où à cette heure-là on s'émeut pour si peu de chose. Et ce n'était rien d'autre qu'une tête sur une épaule. Pourtant, mon cœur s'est mis à battre différemment...

Pourquoi?

Maintenant encore, je ne le sais pas.

Ce n'était rien d'autre qu'une tête sur une épaule...

En un instant nous étions devenus des êtres de silence qu'un trouble infini unissait déjà.

Nous avions effacé les autres.

Très tard dans la nuit, je l'ai accompagnée à son hôtel avec deux de ses amis.

Nous marchions dans les rues, réservés et pudiques, au milieu des deux autres dont le ronron bavard ne nous parvenait plus. Personne déjà ne comptait. Nous étions seuls, tous les deux. Et il me semblait que nous avions quinze ans. A nous deux.

Ce qui explique peut-être un petit détail qu'à cet instant je négligeais : j'étais marié depuis juin 1918!

Cela faisait presque trente ans...

Je ne suis pas un conquérant.

La timidité de l'un s'ajoutant à la réserve de l'autre, j'ai pu lui donner ce soir-là, un peu malgré moi je l'avoue, toutes les marques d'un respect délicat et d'une bienséante discrétion. Tout ce qu'un homme doit à une femme qu'il ne connaît que depuis quelques heures. Chacun s'est dit « au revoir » en arrivant à l'hôtel avec la vague promesse d'une éventuelle rencontre... un jour... plus tard...

A près de soixante ans, cela peut paraître ridicule, j'en conviens. Mais j'appartiens encore au XIX*e siècle (je suis né en 1888) et il s'est prolongé jusqu'en 1914! Les convenances, que de nos jours on dénonce comme hypocrites et frustrantes, obligeaient à vivre en ce temps-là avec plus de rigueur. En regagnant mon hôtel, je ne regrettais rien. Cette rencontre avait déjà* *un caractère d'exception qui la rendait plus rare. Je ne crois pas que toutes les libertés modernes soient libératrices. De toute manière, j'aurais été bien incapable d'être plus audacieux. Même si les circonstances avaient été rendues plus favorables par la discrétion complice de ses amis. Ou ma hardiesse! Les germes sont profonds, qui attachent les êtres à leurs racines...*

En longeant les canaux pour retrouver ma chambre, seul dans la nuit d'Amsterdam, je me prenais à rire...

Le lendemain matin, après une nuit de torpeur et de songe éveillé, j'ai entendu une voix au téléphone.

– Je déjeune avec mes amis, voulez-vous vous joindre à nous? Nous pourrions nous retrouver tous les quatre à mon hôtel vers... une heure et quart?

– Volontiers...

– ... A tout à l'heure?

– A tout à l'heure.

A l'hôtel, elle était seule.

– Mes amis viennent à l'instant de se décommander... Obligés de repartir en catastrophe... Ils ont un problème de...

J'écoutais sa voix moduler ce ravissant mensonge. Mais déjà je ne l'entendais plus. Ignorant sa petite malice, je regardais ses yeux.

Elle avait le regard vif, lucide et pénétrant des chats.

Nous avons déjeuné dans un petit bistrot de poisson, comme il en existe tant à Amsterdam. Un décor de Vermeer, des cuivres et de la propreté. Un soleil lumineux colorait son visage du reflet ambre et or des vitres cathédrale.

Nous avons peu parlé. Nous avons peu mangé. Nous nous sommes beaucoup regardés.

La vie semblait s'être arrêtée, le temps figé, comme dans un film où l'image se fixe sur les deux héros devenus soudain silencieux. Une vive clarté les inonde, la musique s'élève, douce, romantique, envoûtante et... le spectateur attend... le souffle coupé... haletant et attendri.

– Il faut que je m'en aille, murmura-t-elle, il est temps.

C'est vrai, le temps avait passé.

Après trente ans, j'ignore encore comment. Mais il avait passé. Et déjà ce temps nous obligeait : les trains n'attendent pas. Même si deux êtres, qu'un petit dieu malin vient d'effleurer de l'aile, supplient de leurs regards furtifs toutes les aiguilles de toutes les montres et pendules qui les entourent de suspendre leur course inexorable. Son taxi était commandé. Nous devions nous séparer. Le petit bistrot était déjà déserté par la clientèle. Nous nous sommes levés. Pour la laisser passer, j'ai dégagé la table en me penchant un peu. Je me suis redressé. J'ai trouvé son regard...

Ses yeux verts, ses yeux de chat, me fixaient. Ils m'appelaient. Je l'ai cru...

Nous nous sommes embrassés. Comme on s'embrasse à quinze ans. Avec la même émotion neuve.

Je ne m'étais donc pas trompé...

Un manège tourne dans la tête. Les images se brouillent. Le vide se fait. Déjà les corps s'appartiennent. Rien d'autre n'existe que la seule volonté de n'être plus qu'un.

C'était le délice de l'adolescence. Quand on raconte avec une désinvolture « crâneuse » à un copain de lycée qu'on a, pour la première fois, « embrassé une fille », on garde au cours du récit le détachement apparent des anciens combattants racontant Verdun, leur misère et la boue des tranchées. On garde un ton dégagé pour avoir l'air « d'un homme ». Mais comme la tête tourne en relisant le livre! Comme la gorge se serre! Comme le cœur éclate! Le trouble monte et envahit tout.

J'ai ressenti à cette minute-là, en embrassant ses lèvres, ce même étourdissement de la « première fois ».

Celui que, dans les romances, les poètes qualifient d' « ivresse » pour qu'au vers suivant ils puissent écrire « caresse ».

A près de soixante ans!

Dans le petit bistrot, ses yeux m'interrogeaient encore. Comme si elle attendait un verdict, après un acte répréhensible.

Il y eut pour moi le temps, un peu long peut-être, de retrouver une réalité.

– Je suis surpris...

Elle a souri. Il y eut un autre temps, toujours un peu long.

– Surpris mais pas étonné... dis-je.

Le même temps un peu long nous sépara encore.

– Et prétentieux, avec cela! me répondit-elle.

Sans crainte des silences et des temps un peu longs, l'ironie nous unissait déjà. Et ce fut le départ.

– Méfiez-vous! Elles fouillent.

– Qui?

Je venais de glisser dans ma poche ce que j'appelais sa première lettre, simple billet que j'avais conservé et que je lui montrai dans le petit restaurant d'Amsterdam.

Et devant mon regard un peu bête...

– Les épouses...

– Oh! pas la mienne!

Elle m'a alors fixé de son regard de chat. Regard précis de juge que l'on n'achète pas. A l'abri des longs cils, une lueur s'est glissée.

– Vous ne connaissez pas les femmes.

C'était vrai. Une timidité naturelle jointe à une pudeur excessive, mes études, avant la guerre, dont un « Polytechnique » raté, des années de passe-temps militaire entre 1914 et 1918 au service de la patrie ne m'avaient pas permis de bien nombreuses découvertes. J'avais rencontré dans l'Alsace reconquise de 1918 une jeune fille. Je l'avais épousée quelques mois plus tard, en février 1919. Nous étions aussi innocents l'un que l'autre, ou presque. A soixante ans, je l'avoue, je n'avais vécu que pour mon travail, ma famille... Je ne connaissais pas les femmes...

– C'est peut-être pour cela que je les aime, lui ai-je répondu.

On croit s'en tirer par une pirouette.

– Moi, je fouille! Alors croyez-moi... elle aussi.

Rien de plus. Patte et regard de velours.

J'aurais pu lui dire que cette généralisation était un peu hâtive, que « toutes les femmes ne sont pas rousses dans ce pays-ci ». Mais aux premières heures d'une telle émotion amoureuse, je n'avais guère le goût ni l'envie de contester même une simple erreur de logique dialectique.

J'ai préféré enfouir cette première lettre dans ma poche en un geste désinvolte et viril. Les quelques mots qu'elle m'avait écrits à l'hôtel avant d'avoir l'audace, disait-elle, de me téléphoner...

« Voulez-vous que nous déjeunions ensemble? Nous nous connaissons peu, mais j'ai eu le sentiment, hier... »

La suite appartenait au mystère de sa pensée interrompue. Elle sauta dans un taxi qui l'attendait à la porte du restaurant.

Sans le lui dire, je la suivis à la gare dans un autre taxi. Pour l'apercevoir une dernière fois dans la foule anonyme. Par chance j'y arrivai avant elle. Elle avait été retardée par un embouteillage.

Ses amis l'attendaient.

Elle était en retard.

Pour les rejoindre, elle se mit à courir...

Et je reçus alors cette première vision d'elle : l'image de la lumière blonde sur le quai.

Mon cœur sautait dans ma poitrine au rythme de sa course.

L'amour est une naissance...

Je ne voyais plus qu'elle.

J'avais totalement oublié qui j'étais.

J'avais oublié que je n'étais pas seul, que je n'étais pas libre.

J'avais oublié mon âge, mes responsabilités. Je me sentais affranchi de tout.

Pour une tête sur une épaule. Un petit bistrot aux vitres cathédrale. Une lumière blonde sur un quai...

L'amour rend si distrait.

Fabrice Bertier repoussa le cahier.

*
**

Incontestablement il y avait là un personnage. Un personnage qui correspondait à son âge. Correspondait-il à sa nature ? Trop tôt pour le savoir. Il écrasa sa cigarette. C'est pour prendre une cigarette qu'il s'était penché vers le coffret. C'est pour prendre une cigarette qu'il avait vu le paquet oublié et la lettre de Marcel. « De l'importance des gestes sans importance. » Fallait-il voir là un présage heureux ? Cette cigarette lui porterait-elle bonheur ?

– Sacrée idée que j'ai eue d'en allumer une !

Ah ! les sortilèges de ces petites amies éphémères ne sont pas près d'être expliqués. On se tue en cédant à leurs charmes, on le sait... mais... on continue d'y céder.

Rien qu'en entrant dans le bureau de Bertier on sentait à la seule odeur du tabac si la journée avait été féconde ou navrante.

Soit que nombre d'entre elles aient apaisé de leur volupté bleue son esprit tourmenté et qu'elles aient inspiré de leurs ronds dans l'espace son cerveau ramolli. Soit que l'air respiré y soit aussi pur qu'au cœur de l'Atlantique. Bertier se montrait incapable d'échapper au pouvoir de leur séduction. Il se consolait en pensant qu'il n'était pas le seul dans ce cas.

– Les cigarettes, c'est un peu comme les femmes, elles nous auront toujours ! songea Bertier dans une belle envolée lyrique.

Et il en alluma aussitôt une autre.

– Pourquoi les femmes fument-elles, d'ailleurs ? Par qui vont-elles se faire avoir ?

– A connerie égale, sanction égale. A elles aussi les infarctus et les coronaires mitées !

Et il reprit sa lecture où il l'avait laissée.

Dix jours. Nos métiers nous séparaient dix jours. Et pendant dix jours, j'ai vécu par téléphone.

Journaliste à l'époque je préparais un livre sur la résistance hollandaise pendant l'Occupation. J'étais obligé de rester à Amsterdam, n'interrompant mon travail que pour manger peu et dormir mal. Lui écrire aussi ! Et surtout, surtout, lui parler.

Elle était architecte. C'était très rare, une femme architecte en 1948. Elle se donnait à son travail de toute sa foi, de toute sa passion.

– L'Europe est à reconstruire, disait-elle.

Comme pour se justifier.

Elle l'est encore, se dit Bertier. Mais pas seulement dans le bâtiment ! C'est peut-être pour cela qu'elle ne va pas bien.

Je saurais plus tard combien son travail était sa vie. Son travail et ses enfants.

– Vous avez des enfants ?

– Oui, deux. Pourquoi ?

– ... Je ne vous imaginais pas mère.

– Moi non plus ! Mais c'est ainsi.

– Garçon ? Fille ?

– Les deux. Dix ans la fille et sept ans le garçon.

Elle ne m'avait pas parlé de son mari...

Je ne la questionnais pas.

– Mon mari est mort en déportation, me dit-elle, comme si elle avait entendu ma pensée. Et vous ?

– Moi ?

– ... Vous avez des enfants ?

– Ah !... Oui. Deux. Deux filles. Des vieilles... plus de vingt ans !

J'adorais sa voix.

Sa voix au téléphone autorisait tous les espoirs.

Je n'avais de cesse que de l'imaginer. Et de m'imaginer aussi, moi, avec elle. A chaque fois nous nous découvrions un peu.

Dangereux. Très dangereux le téléphone...

Mais quel pouvoir ! Les silences, les mots, les intonations, les inflexions de voix provoquent toutes les images, engendrent bien des troubles, autorisent bien des espoirs...

Bertier lève à nouveau la tête. Le téléphone, il connaît! Il lui est arrivé certaines nuits d'y faire l'amour... ou presque! Les souvenirs lui montent à la tête. Et cela le fait rire.

Allons, allons, monsieur Bertier! Pensez à autre chose, voulez-vous? L'heure n'est pas à la gaudriole.

Il regarde sa montre. Non, ce n'est pas pour téléphoner à quelque créature divine. Il n'a pas le cœur ni l'esprit à cela. Deux heures moins dix! Déjà! C'est l'heure calme où Paris s'apaise. L'heure propre où les bruits s'estompent. De sa fenêtre il aperçoit la lumière crue des réverbères. Ils dessinent de leurs rayons obliques des ronds sur la place enneigée, comme autant de ballerines sur une vaste scène. Etrange opéra!

Il y a des hivers sales. C'est un hiver blanc. Dormir ou continuer? Ah! comme il est difficile de choisir entre deux volontés...

– Il serait peut-être plus sage d'aller au dodo...

Non. Après ce regard sur la nuit, Bertier abandonne l'idée de dormir. Il souffle la fumée de sa cigarette avec délices et reprend sa lecture.

– Après tout, le sommeil est une opinion! Si j'ai envie de roupiller, c'est que ce n'est pas bon!

On ne discerne pas toujours les motifs qui nous poussent à agir contre la saine raison.

On les appelle parfois destinée.

⁂

Dix jours après je la retrouvais à Paris.

Pas tout à fait la même. J'étais sûrement différent moi aussi.

C'est parfois long, dix jours, trop long.

Au cours de nos entretiens téléphoniques entre Amsterdam et Paris, nous avions décidé de nous revoir. Un voyage commun possible pour affaires. Nous nous étions donné rendez-vous au coin du boulevard Berthier et de la rue de Courcelles, par discrétion. Pour ne pas alerter ses enfants.

Fabrice Bertier se demande tout à coup s'il n'est pas le jouet d'un mystérieux plaisantin. La coïncidence entre ce qu'il lit et son propre nom ne peut être que le simple fait du hasard. Mais alors, c'est un hasard pour le moins surprenant.

– Quel est le sagouin qui se fout de moi?

Après quelques secondes où la stupeur se mêle à la réflexion, Fabrice Bertier (sans h), n'ayant aucune réponse à portée de l'esprit, continue sa lecture.

Elle était là devant moi, toute blanche, au bord de ce trottoir où j'avais arrêté un instant ma voiture. Imperméable blanc, parapluie blanc, bottes blanches et chapeau de cuir blanc! Souriante mais tendue, elle ressemblait à sa pâleur. Elle avait peur. C'était visible. De moi? D'elle? De quoi?

Il pleuvait. Horriblement. Comme jamais de ma vie je n'avais vu pleuvoir.

Je lui ai ouvert la portière très vite.

– Pardon!

Elle a refermé son parapluie, elle s'est glissée dans la voiture. J'ai refermé sur elle la portière. Elle m'appartenait. Pour trente heures.

– Quel temps affreux!

– Oui. C'est horrible.

Il y eut un silence un peu bête... puis un sourire qui ne l'était pas moins.

– Bonjour.

– Bonjour.

Ni elle ni moi n'étions très assurés. Est-ce parce que dix jours s'étaient passés? Il me semblait lire dans son regard une hésitation, une crainte. Que lisait-elle en moi? Une crainte aussi?

Pourquoi ne l'ai-je pas prise dans mes bras? Pourquoi ne nous sommes-nous pas embrassés? Je ne sais pas.

Au téléphone pourtant, nous nous sentions si proches.

Et là, subitement, dans cette voiture il me semblait qu'Amsterdam était très loin de Paris. Eprouvait-elle le même sentiment?

Nous sommes partis.

J'avais peur. Je l'avoue.

Comme un acteur avant une première.

Du moins est-ce ainsi que je les imagine.

De quoi avions-nous peur? Du saut dans l'inconnu?

Nous n'étions plus des enfants. Etions-nous donc si fragiles?

Avions-nous déjà conscience l'un et l'autre de l'importance de notre rencontre?

En mesurions-nous déjà tous les bonheurs possibles? Mais aussi tous les désordres, toutes les conséquences, déjà?

Que savions-nous l'un de l'autre? Rien.

Sinon que j'avais plus de cinquante-neuf ans, que je lui en devinais trente-cinq... trente-huit? Et qu'après un tête-à-tête en dansant au milieu des autres, un repas de deux heures dans un exquis petit bistrot en Hollande, dix jours de parenthèse et de longs bavardages au téléphone, nous avions décidé de vivre ensemble un voyage d'une journée et d'une nuit que ma profession m'obligeait à accomplir. Comme le parcours miniature d'une vie à deux.

C'était tout. C'était beaucoup. C'était peu.

Et il pleuvait...

Cinq heures plus tard nous sommes arrivés après une route de pluie, d'échanges et de regards timides, nous efforçant de nous découvrir mais toujours un peu gênés, un peu encombrés de nos sourires contraints. Décidés cependant l'un et l'autre à imiter les allures et les gestes dégagés des vieux habitués aux aventures galantes...

Et pourtant, à l'hôtel, j'avais retenu deux chambres.

Oui, je l'avais fait par souci de ne pas avoir l'air de la « bête affamée » se jetant sur sa proie. A près de soixante ans! En y pensant encore aujourd'hui, je n'arrive pas à me comprendre très bien. Nous étions pourtant parfaitement nous-mêmes en agissant ainsi. Conformes au portrait que le temps nous permettrait de dessiner de chacun de nous. Mais je ne le savais pas encore. Elle non plus que moi.

J'avais un rendez-vous immédiat. Je m'y suis rendu. Cela reculait l'« instant ». Je me demande encore si nous n'en étions pas l'un et l'autre soulagés.

« Encore une minute, monsieur le bourreau. »

Trois heures plus tard, je la retrouvais dans la chambre où je l'avais laissée. L'autre chambre n'ayant servi qu'à détromper le personnel hôtelier – mais le fut-il réellement ?

Allongée sur le lit, elle lisait avec de grosses lunettes d'écaille qui lui faisaient un petit nez rigolo et lui donnaient un genre arsouille auquel je n'étais pas encore habitué mais qui, plus tard, m'enchanterait si souvent. Myope, elle lisait à la lueur froide et fade d'une lampe de chevet à peu près aussi favorable aux ébats amoureux qu'un éclairage de clinique à trois heures du matin. Dehors il pleuvait toujours...

– Tout s'est bien passé ?

– Très bien.

Elle ôta ses lunettes. Nous nous sommes regardés.

Nous étions troublés et aussi peu à l'aise que deux adolescents qui-voudraient-bien-mais-qui-n'osent-pas ! C'est du moins ainsi que j'interprète mon souvenir. Tout de même, j'étais l'homme ! Il me fallait donc prendre l'initiative.

Il me fallait agir. J'ai tiré les rideaux. Elle a aussitôt éteint la lampe de chevet! Et dans cette obscurité voulue par elle, exigée, même, après que j'avais eu l'audace de rallumer cette morne lampe de chevet, nous avons uni nos peurs, nos pudeurs, notre goût de nous découvrir et nos dix jours d'attente.

Nous nous sommes longuement cherchés.

Une heure plus tard nous ne nous étions pas encore trouvés.

Etait-ce l'obscurité? La fatigue? L'émotion? Les dix jours? Etaient-ce nos peurs? Des gestes interdits? Je ne sais pas. Mais il est bien certain que les apparences concrètes ne m'étaient pas favorables et qu'il ne m'était pas possible de dissimuler plus longtemps mon évidente responsabilité...

– Bon. Eh bien, il ne faut pas en faire un drame, dit-elle.

Elle me regardait curieusement.

Elle me regardait sans ironie, sans aucune gêne.

Elle me regardait comme si elle retrouvait des habitudes. Comme si elle se sentait rassurée brusquement. Comme si elle échappait, définitivement, à une corvée...

C'est ainsi du moins que j'ai préféré traduire son regard.

Et – c'est étrange – je n'en étais pas très affecté...

Je sais qu'il n'y avait entre nous nulle blessure. Je le sais.

– Le veinard !

Fabrice Bertier vient de réagir intérieurement.

– C'est bizarre quand même...

Il a un choc, Bertier, un petit choc. Mais un choc tout de même. Ce petit choc n'est pas provoqué par la situation, somme toute banale, du monsieur-qui-ne-peut-pas, c'est une situation courante même chez les plus jeunes, dit-on. Quoique... quoique... Cet « on-dit » semble avoir été mis en circulation par les plus vieux. Bref, ce qui explique la réaction de Bertier, c'est que la chose lui est arrivée pas plus tard que la semaine dernière et que « l'incident » l'a beaucoup humilié, lui !

Il faut comprendre.

Bertier, acteur vedette, appartient à la légende.

Il a une réputation à soutenir...

Pour lui les raté(e)s ne pardonnent pas. On chuchote vite dans les chaumières du Tout-Paris.

– ... Bertier... très surfait... décevant... Zéro !

De la coulisse au studio, le tam-tam résonne.

Très frappé, il a téléphoné le soir même à son vieil ami Beauchamp, le toubib.

– ... Je n'ai pas pu...

– Sans blague ! ?

– Sans blague ! !

– Tu avais peut-être trop mangé...

– Ne te fous pas de moi !

Bertier reste encore tout songeur au souvenir

de sa carence et de la conversation qui suivit. Conversation que le Dr Beauchamp s'est efforcé de rendre légère par amitié pour Bertier, qu'il sait préoccupé par de plus graves problèmes.

– Le prochain coup... ça ira mieux.

– Comme tu dis.

Et sur cette tentative pour le faire rire, Jacques Beauchamp a raccroché. Le laissant à sa morosité. Une morosité que la lecture du cahier a réveillée soudain.

De morosité en idées sombres, un autre Bertier plonge soudain, à travers le temps, son regard dans la nuit.

Un Bertier qui, une fois encore, se rappelle l'accident... Un accident qui, jadis, a bouleversé sa vie.

Pour d'autres raisons, bien sûr... mais...

– Geneviève ! Ah ! Geneviève... pourquoi a-t-elle été aussi injuste... aussi impitoyable...

Mais comme son visage est triste tout à coup !

– Il aurait tant fallu pouvoir la dominer, Geneviève...

Etre « son mâle », comme sait si bien le lui murmurer en un râle étudié sa récente épousée : « Tu es mon mâle... Râââ ! »

Mais voilà. Geneviève était d'une autre race. D'une autre espèce.

Elles savent se faire rassurantes, les jeunes épousées, en de certaines occasions.

Geneviève en était incapable.

Curieusement, quelque chose tombe sur le cahier.

Une larme... ?

Le lendemain, après une nuit fraternelle, pour elle pleine de sommeil, pour moi pleine de questions, il pleuvait encore.

Nous avions réussi à vivre le dîner et la soirée « après l'échec » sans trop de difficulté. Nous avions l'un et l'autre le souci de rendre la conversation possible. Je l'interrogeais sur son métier, ses projets, ses espoirs. Je lui parlais du mien. De cet univers mystérieux et inquisiteur du journalisme au service d'une certaine défense de la vérité. Les conséquences de la guerre, si proche, provoquaient encore tant de déséquilibres et de déchirures, engendraient encore tant de haine en 1948! Entre les peuples, entre les nations, entre les êtres. Les sujets ne manquaient pas...

Est-il donc si difficile de vivre la paix?

« Tuez-vous les uns les autres », est-ce un message qui passe mieux que « Aimez-vous les uns les autres »?

Nous séduisions-nous avec des mots et avec des idées? Peut-être. Nous étions là, ensemble, face à face, comme un couple ordinaire, sem-

blant deviser. Et pourtant je ne parvenais pas à soutenir son regard bien longtemps. La peur me tenaillait d'y lire toute l'absurdité et le ridicule de cette situation. La gêne de la ville nous reprenait par bouffées. A aucun instant nous n'avions eu l'audace, ou le courage, de nous retrouver une seconde fois. Je ne crois d'ailleurs pas que cela eût été possible. J'avais tellement le sentiment que nous nous demandions au fond de nous-mêmes la raison exacte de notre tentation mutuelle. Le pourquoi de notre attirance et de notre présence dans cette chambre, tout en le sachant pourtant puisque nous n'étions plus des enfants. Moi surtout!

Nous nous sommes donc couchés. En nous efforçant de garder toutes les apparences de la sérénité. Que pouvions-nous faire d'autre?

Mon Dieu! Quand je pense à cette soirée si bête, je ne comprends toujours pas pourquoi elle eut des suites...

Le lendemain nous avons dû vivre les heures délicates du matin. Toilette, petit déjeuner... Toutes les minutes embarrassées de gêne, de pudeur, de timidité que peuvent vivre des inconnus qu'un malaise bien défini sépare. Comme une honte. Se dire bonjour. Sortir d'un lit. Se demander à chacun comment fut la nuit...

Eviter les silences surtout. Les silences trop lourds. Faire semblant...

Ce ne fut pas une épreuve facile. Pour moi en tout cas.

Même si ce lendemain-là apparaissait comme une délivrance. Travail oblige, nous devions nous quitter. Et c'était sans doute définitif. Pourquoi y aurait-il eu un autre jour?

Son train ne partait qu'après quinze heures. J'ai décalé un rendez-vous. Nous avons déjeuné ensemble.

Elle cachait ses yeux de chat derrière de grosses lunettes noires pour se dissimuler, comme une vedette de cinéma préserve son incognito et se protège ainsi de la curiosité indiscrète d'éventuels admirateurs. Nous nous parlions le plus possible. Plus exactement, je lui parlais. Brusquement elle a éclaté en sanglots. Comme une petite fille qui depuis des heures a refréné sa peine. Elle pleurait de tout son corps. Elle devait pleurer depuis longtemps déjà. Sans doute était-ce la raison des lunettes noires? Mais je n'avais rien deviné. Je me suis trouvé stupide. Je ne savais pas quoi lui dire pour endiguer ce chagrin soudain.

Il semblait venir de si loin, de si loin...

Les serveurs dans la salle s'étonnaient.

Et je n'avais qu'un mouchoir à lui donner pour lui venir en aide...

Je saurais plus tard combien ce genre d'attitude en public lui déplaisait. Combien il lui était peu familier. Elle avait en horreur les démonstrations de toutes sortes. Que pouvais-je faire? Je ne savais rien d'elle. Lui parler doucement, comme à une enfant? Tenter de trouver des mots pour la calmer, la rassurer?

La rassurer? Sur quoi? Sur qui? Sur elle? Sur moi? Pourquoi pleurait-elle? Sur qui pleurait-elle? Sur elle? Sur moi? Sur nous? Il n'y avait pas de « nous ».

Est-il si vrai qu'on ne pleure que sur soi et qu'on rit sur les autres?

J'étais totalement désemparé. J'imaginais bien que ce voyage raté, cette rencontre navrante étaient une cause profonde de trouble, d'amertume, de déception, de colère même, mais pourquoi la détresse? Pourquoi le chagrin? N'y avait-il pas autre chose? Quoi?

– Je te demande pardon. C'est idiot.

Maintenant, elle essayait de sourire tristement. Si au moins ses larmes avaient été l'expression d'un désespoir précis. Le désespoir d'avoir à nous quitter. Mais nous étions loin de cela. Le rimmel lui piquait les yeux, horriblement maintenant. La souffrance devenait physique. Mon mouchoir servit alors à tamponner ses yeux de chat.

Elle se reprit un peu.

Et je songeai que « rendre heureux » est une expression qui, même dans des rencontres furtives, possède un sens très précis.

Je l'ai déposée à la gare. Une autre gare. Un autre quai. Un autre train. Un autre jour. Comme c'était loin, Amsterdam...

– Notre rencontre est placée sous le signe du chemin de fer, me dit-elle d'une petite voix froide et triste.

Et elle ajouta avec un rire un peu faux :

– Mais elle ne me semble pas en bonne voie.

J'apprendrais plus tard – et souvent à mes dépens – à quel point le souci de plaisanter était pour elle une défense nécessaire pour dissimuler détresse, peine, colère ou chagrin.

Même si l'humour était parfois grinçant...
Le train est parti.
Je me suis retrouvé seul sur le quai. Très bête. Très très bête. Ces vingt-quatre heures m'avaient terriblement ému. J'ai repris ma route.
Il pleuvait toujours.
Et dans ma voiture, sur cette route banale, luisante de pluie, brusquement, moi aussi je me suis effondré. Je pleurais sur la route, comme un petit garçon, au milieu de la foule, pleure sa maman un instant disparue. Et pourtant je n'étais ni sénile, ni alcoolique, ni dépressif. En ce temps-là cette maladie, la dépression, n'existait pas. Ou bien elle portait un autre nom et on n'en parlait pas encore. La guerre et la survie avaient offert d'autres « distractions ».
Je pleurais sur la route. Comme on pleure après un accident de voiture. On se retrouve indemne. Mais les nerfs craquent car on réalise soudain que l'on vient de rencontrer et de frôler la mort. Je pleurais. Sur quoi?
J'ai arrêté ma voiture. Pour les larmes, il n'y a pas d'essuie-glaces. Et je devenais un danger public. J'avais le sentiment confus que quelque chose d'essentiel, quelque chose de fort, venait de mourir à peine né. J'avais le sentiment que quelque chose que je ne devais pas perdre, pour elle comme pour moi, venait de disparaître. Comme s'éteint la petite allumette fragile qu'on souffle au bout des doigts et qui se brise alors.
Qui donc avait soufflé sur moi?

Oui, je pleurais un amour perdu. A cinquante-neuf ans et quelques mois, je me sentais comme un enfant égaré dans la forêt profonde qui n'ose même plus appeler tant il craint, par ses cris, d'ameuter tous les esprits malins. Il s'assied dans la nuit au pied d'un arbre, après avoir longtemps, longtemps marché. Il ne bouge plus et il attend. Il attend le danger, la mort, ou bien de l'aide. Ou le sommeil. Moi, j'attendais sur la route. Et je ne savais pas quoi. J'étais prostré sur mon volant. Je n'avais plus de volonté, j'étais bloqué. En perdition. Que m'arrivait-il? Etait-ce donc cela « être amoureux »? En avais-je à ce point perdu le souvenir?

J'étais incapable de bouger. Et le temps passait. Et j'avais des rendez-vous urgents.

Après quelques longues minutes déchirées par la stridence des avertisseurs des autres automobilistes ahuris et soudain affolés de voir une voiture ainsi immobilisée – je devais m'être arrêté en haut d'une côte –, j'ai repris ma route. Une pluie diluvienne s'abattait sur le pare-brise et sur la carrosserie avec une violence insolite, comme si le ciel voulait déjà me punir de ma sottise et de mon imprudence.

Un visage dansait devant moi à travers ce déluge. Un visage d'une tristesse infinie. Il dansait devant moi comme pour accompagner de sa mélancolie la suite du voyage.

Dix jours auparavant, je la regardais courir, légère comme un oiseau, sur un quai de soleil, saluant ses amis d'un geste de la main, le visage radieux...

Nous reverrions-nous ? Pourquoi ? Quand ? Et surtout... comment ?

Le premier obstacle était de taille et déjà j'avais perdu l'équilibre. De quel crime avais-je donc été puni ?

Bertier écrase sa cigarette, n'en allume pas d'autre. Il lit encore quelques pages sur la « justice immanente » du Ciel et se plonge avec avidité dans le chapitre suivant.

– Il y a un personnage... incontestablement. Faut voir ! Faut voir...

Il est tout excité, Bertier.

Tant il est vrai que pour les acteurs, le seul remède à leurs maux, la meilleure médecine, sera toujours un manuscrit à dévorer. Un rôle à jouer. Un personnage de fiction, une situation dramatique à vivre, c'est un tamis au travers duquel l'acteur filtre ses difficultés, ses détresses du jour. Ou ses joies. Il le sait bien, Bertier. Et sa température remonte... Ce n'est pas encore la fièvre de la création, pas encore l'allégresse de la trouvaille mais c'est déjà, par le seul intérêt pris à la lecture, un autre homme qui se penche sur le cahier.

Comme un cheval enfermé dans le van commence à piaffer en respirant soudain l'odeur saine de la forêt.

Un poète a écrit : « Il n'y a pas de second amour. » Je crois qu'il se trompe...

Mon père me disait cela il y a bien longtemps déjà.

Ce soir-là, mon père me parlait. Son débit était lent. Sa respiration semblait plus difficile. Beaucoup de temps s'écoulait entre chacune de ses phrases.

– ... Il existe un deuxième amour... différent... mais il existe...

Mon père reprit son souffle et me regarda comme si, déjà, il guettait ce que je pouvais lui répondre, lui objecter. Son œil bleu, cet œil qui me faisait si peur lorsque j'étais un petit garçon « en faute », se fit plus aigu. On aurait dit qu'il rassemblait ses forces pour bien me convaincre.

– C'est une rencontre que je ne te souhaite pas. On aime et on se déchire... Eloigne-toi... si jamais...

Il me fixait, presque suppliant, comme s'il pressentait mon destin, comme s'il voulait m'obliger à m'éloigner à jamais.

Puis son regard me quitta comme pour retrouver d'autres images. Il se détourna sur son oreiller. Il s'éloignait lui aussi. Vers le passé ?

C'était un soir rare de confidences. Il n'existait pas entre mon père et moi cette intimité complice, amicale, accueillante, qui rassemble davantage, de nos jours, les enfants et leurs parents.

En ce temps-là, en ce début de xxe siècle, les pères et leurs fils se parlaient peu. Leurs échanges se limitaient souvent à savoir « comment se passent les études ». Puis, plus tard, « comment marchent les affaires ». L'affection et l'amour n'en étaient pas exclus mais une sorte de pudeur, de respect mutuel, maintenait les distances. Qui dira jamais à ce propos la singulière pudeur des pères? Mais ce soir-là, pour la première fois peut-être, mon père me parlait.

– Ne te laisse jamais prendre à ce piège... Eloigne-toi...

Que voulait dire cet « éloigne-toi »?

Ne pas me laisser prendre à un piège...

Il était allongé sur son lit, la tête haute sur son oreiller. Il était malade. Est-ce pour cela qu'il me parlait ce jour-là?

J'attendais. Je savais tout de sa vie, ou presque tout. Depuis longtemps. Mais j'attendais. Je sentais qu'il voulait me parler. Se confier. Se délivrer peut-être? Je sentais qu'il avait décidé, ce soir-là précisément – pourquoi? –, de me parler. Mais il se taisait. Etait-ce donc une confession si difficile? J'attendais. Le silence entre nous s'épaississait, presque insupportable. Soudain, il me regarda comme si, d'un coup, il découvrait ma présence et il me raconta...

Ce qu'à personne il n'avait confié. Jamais. Comment l'aurait-il pu?

Il me raconta comment, marié très jeune, totalement prisonnier de sa vie de médecin à la campagne, il lui était arrivé un jour, sans aucune préméditation, de se pencher sur l'épaule d'une autre femme...

Il me raconta comment le Destin, en dépit de tout, en dépit d'eux-mêmes, s'était acharné à les réunir presque malignement. Malgré de multiples et volontaires séparations.

Il me parlait, fébrile, fragile, s'arrêtant parfois longuement pour laisser passer les images du passé. C'était par moments insupportable.

– Nous sommes même restés un an sans nous voir. Nous nous sommes retrouvés... sans le vouloir, en septembre... dans une librairie... à Paris... alors qu'elle habitait près de Thiviers... en Périgord, et que moi j'étais médecin... à Brantôme... Elle feuilletait un livre... sur les amours de Merlin et de Viviane... Crois-tu...? Moi... j'étais de passage à Paris pour un congrès de médecins... J'en profitais... pour acheter vos livres de classe à ta sœur et à toi...! Au son de ma voix... elle s'est retournée... Moi je ne l'avais pas vue... C'est en payant vos livres... que je l'ai aperçue dans la glace... au-dessus de la caisse... J'aurais pu... j'aurais dû la saluer... et m'éloigner... Mais... elle est venue vers moi... et... nous nous sommes parlé... Oh... très peu... mais nous nous sommes parlé. J'avais tellement envie de la prendre dans mes bras... Je ne l'ai pas fait. Le hasard nous avait réunis. Alors... deux heures plus tard nous étions ensemble... heureux.

Mon père m'a longuement regardé. Très longuement. Comme s'il guettait dans mon regard un pardon dont il avait besoin. J'étais bouleversé. Il était déjà vieux. Et nous parlions de « l'autre » pour la première fois. Pour quelle raison singulière me parlait-il ainsi ce soir-là? Il me parlait comme à un confesseur ultime. Il ajouta soudain, tout doucement, presque à voix basse :

– Malgré cela... je n'ai jamais cessé d'aimer ta mère...

Ses yeux se sont fermés quelques instants. Il pleurait. Pour la première fois de ma vie je voyais mon père pleurer. Les larmes coulaient sur ses joues amaigries, sur son visage tout gris, mal rasé. J'ai pris sa main dans la mienne. Il a rouvert les yeux.

– C'est vrai, tu sais... c'est vrai...

Il voulait encore me parler. Peut-être pour se justifier. J'ai pressé sa main pour qu'il se taise. Les mots étaient tellement inutiles. A cette minute-là, nous étions si extraordinairement proches l'un de l'autre. Comme jamais nous ne l'avions été. Comme jamais plus nous ne le serions. Mon pauvre papa, mon vieux « popa », comme je t'appelais petit garçon, combien je t'ai aimé ce soir-là !

Six semaines après cette confession, mon père, tu mourais d'une congestion cérébrale foudroyante. Apaisé? Je ne sais pas. Le hasard a voulu que je sois seul près de toi à l'heure brutale de l'agonie. Je t'ai regardé lutter. J'ai entendu cette protestation âpre du coma, comme un ronflement stupide. Ce ronflement sonore qui nous faisait tant rire, ma sœur, mon frère et moi, quand nous étions enfants. J'étais debout devant toi, à ton chevet. Je t'ai parlé. De toute mon âme. De toute ma ferveur. Comme je te parle ce soir. M'as-tu entendu? Je l'espère tant. J'espère tant t'avoir aidé. Je t'ai demandé pardon. Pardon de ma rigueur. Pardon de mon intransigeance envers toi, au cours de ma vie. Pardon de ma sévérité envers « l'autre ». Je savais à cette minute-là que la plus grande qualité morale dont on puisse faire preuve, c'est bien de n'être pas certain d'avoir toujours raison. L'indulgence est une vertu. Et la vérité a toujours un pied dans le camp adverse.

Moi, un jour, je t'avais condamné. Moi, ton fils aîné. Pourquoi?

Chercher sera toujours plus enrichissant que de croire qu'on a trouvé. J'avais eu des torts envers toi. Mon père, tu étais très beau. Rayonnant de bonté, tu étais très sollicité. A quarante-cinq ans, tu avais rencontré un second amour. Et c'est tout. Peut-être était-ce « l'autre » qui s'était penchée sur ton épaule... Coïncidence ou fatalité héréditaire?

Je ne sais.

J'avais soixante ans et j'étais prisonnier moi aussi. Quelqu'un s'était penché sur mon épaule, un soir de printemps, à Amsterdam.

Mon père, toi, c'est à quarante-cinq ans que tu avais rencontré un second amour...

Ma mère avait tout découvert...

Un costume que l'on brosse, comme chaque jour. Des papiers qui tombent. Une lettre, une photographie. Ma mère qui, en un instant, comprend qu'elle n'est plus seule dans la vie de mon père. Brusquement, autour d'elle, désormais, tout ne fut plus que ruines.

Elle est morte deux ans plus tard.

Peut-on mourir d'amour? Je l'ignore, ma mère est morte, c'est tout. Ce soir, soixante-dix années se sont passées. Je revois ce jour froid de novembre...

Un grand professeur a été appelé de Paris en consultation. Il vient de révéler à mon père la nature du mal dont souffre ma mère. Il prend congé. Mon père le raccompagne. Il nous demande, à ma sœur, à mon jeune frère et à moi, de l'attendre quelques instants dans le salon familial... Il nous rejoint enfin... Il referme la porte.

Son visage est celui d'un homme qui, dans un instant de folie, vient de commettre un crime. Hagard, pâle, hébété, il nous apparaît comme un meurtrier tenant encore à la main le revolver et qui, soudain, réalise en quelques secondes la monstruosité de son acte. Nous le regardions, saisis, n'osant ni bouger, ni parler. Lui, restait devant nous, la main sur la poignée de la porte, immobile, accablé, raide. Vieux. Après un long, très long silence, il réussit à nous dire au prix d'un immense effort, d'une voix à peine audible :

– Votre maman... c'est fini... Il n'y a plus d'espoir.

Nous sommes restés de pierre tous les quatre, face à face, pendant de longues minutes, écrasés, muets. Seuls, déjà.

Trois semaines auparavant ma mère semblait mener une vie normale. Et il n'y avait plus d'espoir? Elle avait quarante-six ans! Comment, en quelques jours, pouvait-on passer de son sourire à la mort? Comment y croire?

... Bien sûr, depuis quelque temps, elle est maladroite. Comme si ses mains et ses bras, lui

refusant tout service, peu à peu se paralysaient. Mais je la nourris! Mais nous rions ensemble! Même de ses maladresses! Elle me demande d'ailleurs pardon en souriant quand il lui arrive de laisser échapper un couteau, une cuillère... Et ce soir, il n'y a plus d'espoir?

– Votre maman... c'est fini...

Une semaine plus tard, ma mère nous quittait pour toujours.

La vie de mon père s'est arrêtée aussi. Nous étions en 1913. Dix mois après éclatait comme un coup de tonnerre la Première Guerre mondiale. Celle qui devait être la dernière. Le 2 août 1914.

Comme la guerre a engendré un autre monde après 1918, la mort de ma mère a fait de mon père un autre homme. Indifférent à tout. Même à ses fils. Même à sa fille. Lui si dur, si autoritaire, était devenu absent. Il appartenait à « l'autre ». Il nous semblait même à nous, ses enfants, à nous, ses fils, qu'elle s'était emparée de lui. Nous ne l'aimions pas. C'était injuste, mais nous ne l'aimions pas. Il le savait. Il en souffrait. Il se taisait. Il nous attendait. Il nous a attendus plus de trente ans. Je sais maintenant la vraie raison de ses absences, de ses indifférences... Et puis il y eut ce soir, rare, de confidence. Ce soir-là où il me parla pour la première fois. Ce soir-là où nous avons pleuré ensemble.

– ... Malgré cela, je n'ai jamais cessé d'aimer ta mère...

Pauvre papa! Revivais-tu ce soir-là un jour gris de novembre 1913? Quelle immense détresse il y avait dans tes yeux. Pourquoi avoir tant attendu pour me parler? Etait-ce donc si difficile?

Est-il si insupportable pour un père de se révéler à son fils?

Est-il si insupportable pour un père de se croire jugé par la jeunesse impitoyable de ses propres enfants?

Quelles images vivaient en toi, qui ne s'étaient jamais estompées?

Quelles images surgissaient en toi comme une condamnation?

Il est donc si difficile de lutter contre soi-même? Après tant d'années, c'est moi, ce soir, en écrivant, qui une fois encore te demande pardon.

Chacun de nous n'a qu'une vie, il lui appartient de la vivre comme il le peut. Dans le respect des autres, bien sûr. Mais de quel crime étais-tu donc coupable?

J'écris tout cela parce qu'un être est né de moi.

Qu'aujourd'hui je le sais.

Petit garçon perdu, toi, homme que je ne connais pas, c'est à toi que j'écris.

C'est à toi que je me révèle.

Le sort n'a pas osé, n'a pas voulu, nous permettre de nous rencontrer, de nous aimer.

Et pourtant, longtemps, partout, je t'ai beaucoup cherché.

Et je t'écris à toi. Pour que tu saches...

Si la nature t'a donné une sensibilité excessive, si elle t'a fait don d'une dualité pesante et d'un amour de l'amour parfois insurmontable, ne t'étonne pas trop de tes tourments futurs.

J'en suis le responsable.

Je te demande pardon de ce lourd héritage.

La seule explication – et c'est mon unique excuse – c'est que je suis un descendant, moi aussi.

Qui donc, dans ma famille, a bien pu commencer?

Bertier un instant repoussa le cahier. Il avait soif.

Il se désaltéra encore à cette Source-Hépar-qui-redonne-au-Q-I-le-précieux-magnésium-que-l'âge-mûr-ne-fabrique-plus...

La cendre de sa cigarette – une nouvelle à laquelle il n'avait pas su résister – s'écrasa cette fois sur ses genoux, le rappelant à la réalité de la vie. Il l'épousseta avec soin. Il était tard. Mais cela lui importait peu. Bertier n'était pas un homme du matin. La fonction crée l'organe. Il aimait vivre la nuit. Et d'ailleurs, intérieurement, il jubilait.

Etrange paradoxe!

Les personnages qui, plus tard, vont émouvoir le spectateur ou l'attendrir font toujours « saliver » de plaisir l'acteur qui les découvre et qui aura à les incarner. Comme est heureux le public des larmes qu'il a versées.

Bertier n'échappe pas à cette singularité.

Il s'est levé pour faire quelques pas et se dégourdir les jambes.

Il essaie de donner un visage à cet inconnu,

dont l'existence et l'histoire commencent peu à peu à s'imposer à sa curiosité.

Bertier, comme beaucoup d'acteurs, aimait dessiner les visages, les attitudes et même les costumes des êtres qu'il avait à interpréter. Il avait besoin de les voir.

Il réfléchit...

Ainsi donc cet homme avait eu un enfant. Un enfant qu'il ne connaissait pas. Pourquoi? De qui? De cette femme, sans doute. Sans aucun doute. Pourquoi ne le connaissait-il pas? Quelle volonté s'y était opposée? Elle?

– Eh bien!

Sa pensée flotte autour de cette confidence à la fois pathétique et... comment dire? dérisoire? Enfin... presque!

– Bah! Encore quelques pages et j'aurai tout compris!

Il aperçoit son image dans le miroir vénitien placé sur le mur du petit palier séparant sa chambre de son bureau. Il a la manie de se regarder dans les miroirs. Vanité ou inquiétude?

– Evidemment... Lui... ça pourrait être moi!

Comme pour mieux réfléchir, il se profile dans la glace pour examiner avec l'indulgence attendrie du bon vivant une silhouette un peu trop rebondie – signe évident d'appétits autres que sexuels. Et malgré l'inutile compression tricheuse qu'il exerce hypocritement du plat de la main sur son diaphragme mou, force lui est de reconnaître qu'en ce moment le « pneu » est surgonflé.

– Bah! elle aime ça! dit-il au miroir.

Est-ce si vrai ? Sa nymphette lui pose parfois sur l'estomac une main rassurante en l'appelant « mon gros bouchon » mais... mais... mais...

– Ha ! ha ! Elles ont des expressions émouvantes quand elles n'aiment pas, rigole Bertier.

Car Bertier n'entretient pas d'illusion excessive sur sa jeune adorée, il n'est pas dupe. Enfin... pas totalement.

Mais par prudence il ne lui fait pas que le don de sa personne.

Il lui a acheté au temps de leurs « fiançailles » un petit trois-pièces-terrasse, en duplex, sur le Bois, à Neuilly. Pour la bronzette du corps, l'été, et l'entretien du culte, l'hiver. C'est un investissement productif, quand il s'agit de protéger un capital précieux. La jeune personne, qui n'est pas comédienne (« Quelle horreur, c'est trop dur ! ») mais qui est néanmoins guidée par un instinct sûr, s'est alors très vite rendu compte que Fabrice Bertier... « ça-méritait-un-détour ». Elle a meublé son modeste « F 3 » de façon ravissante, toujours grâce à Bertier. Lequel Bertier a surtout retenu – lui – la qualité du lit. Cet appartement et une Mercedes décapotable personnalisée, à quoi se sont rapidement ajoutées quelques visites chez Cartier, ou chez Van Cleef et Arpels – elle n'avait pas de préjugés –, ont beaucoup aidé la petite mutine à se découvrir de mois en mois, pour Bertier, un attachement profond. Chacun sait que, pour les personnes de tout sexe et de tous âges, les petites attentions ne sont pas négligeables. Elles encouragent la spontanéité des élans et la ferveur des caresses. A cet égard, la petite « n'était pas fainéante sous l'homme »... ainsi qu'aimait à le déclarer Bertier lui-même à quelques envieux de son entourage.

Après une année de fiançailles, il l'a donc épousée...

Observant un instant dans le miroir ses cheveux suffisamment gris pour que la petite soit attendrie, et suffisamment noirs pour qu'elle soit rassurée...

– Ce pourrait être moi, se redit-il. Incontestablement. Il faudrait peut-être que je maigrisse un peu... mais à part ça... Même soixantaine assez favorable... et mêmes emmerdements!

Or, les difficultés d'être... ce sont celles qu'aiment conter les auteurs, jouer les acteurs et applaudir le public! C'est quand il ne se passe rien qu'on s'ennuie...

Bertier quitte le miroir et, réflexe d'usage, il s'étire longuement. Sa colonne délabrée lui en est immédiatement reconnaissante. Il souffre chroniquement de lombalgie, gros handicap pour l'acteur. Mais, à son âge, pour « les cascades », il est doublé! Son médecin lui a même conseillé récemment de monter tous les escaliers à pied et d'abandonner la pratique du golf et celle du cheval.

– Monter à pied! Alors qu'il y a des ascenseurs partout!

Il n'a même pas essayé.

La pratique du golf? Aucun problème. Pour Bertier, qui n'a pas la vanité du « par » et aucun snobisme musculaire, cela consiste surtout, après la promenade hygiénique autour des petits trous et la tentative, maintes fois renouvelée, de les remplir, à se retrouver au club-house autour d'un whisky avec des copains. Quant au cheval... il a trouvé un truc, Bertier. Dans un manège privé en forêt de Chantilly où personne ne peut l'observer, il monte sur son canasson en s'aidant d'un petit « praticable trois marches » pour enfourcher Cocotte. Après quoi, il effectue sa promenade sylvestre au pas.

– Pour ne pas fatiguer mon cheval ! cligne-t-il de l'œil aux amis et connaissances rencontrés entre deux boqueteaux. Pauvre vieux, il est si âgé !

Et il flatte d'un geste protecteur l'encolure du paisible Pégase qui l'en remercie aussitôt en continuant le parcours d'une promenade qu'il connaît mieux que son cavalier. Ce cérémonial qui permet à Bertier de « prendre l'air » se déroule généralement sous l'œil attendri de la jeune épousée, amazone fière, experte et éprouvée.

– Oui ! lui, ce pourrait être moi... Faut voir... faut voir...

A travers la fenêtre de son bureau, il regarde la ville. La neige s'est remise à tomber. La nuit est plus silencieuse. Les flocons jouent avec les réverbères. Ils dansent, gracieux, dans la lumière jaunâtre. Des ombres surgissent, des images, des visages... des scènes...

Bertier, une fois encore, repense à Geneviève. Pourquoi ? Geneviève lui apparaît extraordinairement présente cette nuit. Geneviève, sa beauté, sa rigueur, et ses humeurs changeantes...

– Comme c'est déjà loin tout cela...

Pour mieux se le prouver et rompre un tête-à-tête inutile avec des fantômes, il reprend sa lecture en se réinstallant plus profondément encore dans son fauteuil.

Nous nous sommes revus.

Comment? Pourquoi? Peu importe! Mais nous nous sommes revus. Sans doute le voulions-nous l'un et l'autre. Ou bien était-ce le Hasard? Oui, si l'on croit à cette « volonté des dieux ». C'était notre cas.

Nous nous sommes revus et nous nous sommes cherchés. Oserais-je dire adorablement? Oui, je l'ose. Car ce fut adorable. Etrangement adorable de complicité, d'humour, de goût, et de tendre compréhension.

Nos métiers nous séparaient sans cesse. Mais – diaboliquement (?) – ils nous rapprochaient aussi.

J'étais en reportage, en juillet, chargé par un hebdomadaire d'écrire des chroniques un peu « littéraires » sur le Tour de France! Elle avait plusieurs chantiers en province... Nous nous sommes revus... dans une brasserie de Caen! La ville était en reconstruction. Les brasseries étaient rares. J'écrivais sur un guéridon. Pourquoi ai-je eu soudain l'envie irrésistible de lever la tête? Elle était à dix mètres de moi. Elle cherchait une table pour elle et deux de ses ouvriers. Elle s'est détournée comme si une force tout aussi mystérieuse que celle qui m'y avait contraint l'appelait dans ma direction et...

– Tiens!... fit-elle.

La suite appartient au Destin.

*
**

Nous nous sommes retrouvés au hasard du travail. Au carrefour de nos routes. Comme des écoliers en vacances retrouvent les copains des vacances précédentes avec la même joie. Chacun se découvre un peu différent, mais toujours attirant, toujours « sympathique »...

Nos chemins adultes se croisaient, nous permettant à chaque rencontre les mêmes émotions, les mêmes joies et aussi les mêmes espoirs.

Hélas! Nous n'en étions pas récompensés. Inexplicablement. L'âge? Je ne sais. Je ne disserterai pas sur cette humiliation prolongée, ni sur ses causes. A quoi bon? Nous nous retrouvions pourtant à chaque occasion avec toutes les ardeurs de la foi. Et nous dormions ensemble, involontairement chastes, mais si tendres. Heureux de nous retrouver. Comme si, entre nous, nul obstacle, nul problème ne surgissait.

Nous dormions ensemble comme des amis ou des amants d'exception.

Je garde de ces mois étranges, insolites, le souvenir extraordinaire, presque serein, d'instants souriants. Oui! souriants et charmants. Le désir n'en était pas exclu mais il ne se manifestait qu'en esprit.

Serait-il donc plus facile de « faire l'amitié » que l'amour?...

Nous habitions un jour, lors d'une de nos rencontres furtives, les bords lamartiniens d'un petit lac ravissant et tranquille. L'image romantique des frondaisons allait-elle animer en moi les souffles nécessaires? Sous la caresse du vent, de jeunes arbres se balançaient mollement...

– J'ai envie de faire l'amour...

Est-ce la beauté du lieu qui l'inspirait?

Devant mon regard de surprise inquiète :

– Je suis assommante, hein? ajouta-t-elle, souriante.

Il n'y avait ni moquerie, ni reproche, ni tristesse dans le son de sa voix.

– Je suis assommante, hein?

Comme si déjà elle voulait s'excuser de cette lubie incongrue. Comme si, déjà, nous l'avions fait, cet amour-là, et que, son corps éprouvant encore le goût du mien, elle jugeait ce désir déplacé, inconvenant, trop soudain.

– Assommante? Non... pourquoi?

Je n'ai pas su répondre à cet appel. Que m'arrivait-il?

– Ce n'est pas possible... me dit-elle un jour de chagrin. Ce n'est pas possible.

Non. Ce n'était pas possible.

Pourquoi, alors que j'attendais chaque rencontre avec la plus folle impatience, le plus bouillant espoir, avec un désir évident, pourquoi, alors que sa voix au téléphone me troublait – et ce n'était pas imaginaire –, nos retrouvailles restaient-elles si tendrement vaines?

Etait-ce un avertissement des dieux? La preuve de leur malice?

Papa... était-ce la première déchirure?

– Je suis si peu sûre de moi. C'est pour cela que nous ne nous trouvons pas. Je ne t'appelle pas. Je ne me laisse pas aller. Je m'en veux, mais j'ai peur du parcours. J'ai peur du pilote... Et peut-être plus encore de la passagère... En vingt-quatre heures je change dix fois de sentiments à ton égard. Je passe de l'enthousiasme au doute, de la confiance à l'angoisse.

– Quelle angoisse?

– L'angoisse de mon caractère. J'ai un tel besoin d'idéal. Et tu n'es pas vraiment libre. J'ai un tel besoin d'absolu. Et tu n'es pas libéré. Je le sais.

» J'attendais tout de l'amour. Et tu arrives trop tard. J'ai espéré si souvent. J'ai triché si souvent. On peut se pardonner des erreurs de jeunesse, mais je n'en ai plus l'âge.

– Moi non plus. Mais pourquoi ne pas tenter de les corriger?

– Les corriger?

Elle m'a regardé longuement. Comme si elle doutait que je sois l'homme de ce rachat. Avait-elle tort?

– J'ai la sensation d'avoir la tête dans des nuages roses et les pieds cloués au sol. Ce n'est pas la moindre de mes contradictions.

Elle ne me reprochait rien. Mais avait-elle tort de douter du pilote?

– Et puis... je suis défiante. Je détruis.

– En étant heureuse des dégâts?

Elle ne m'a pas répondu.

– Comprends-moi, j'ai besoin d'« appartenir ». Et j'ai horreur du quotidien! Je suis indépendante, terriblement indépendante. Le travail est ma conquête. La seule qui m'importe. Il m'absorbe entièrement. Mes enfants et mon travail. Voilà mon univers. Je crois qu'il me suffit. Je n'ai besoin de personne. Je suis une solitaire.

– Pourquoi?

– Parce que les autres déçoivent. Toujours.

Il n'y avait nulle résignation, nulle peine, nulle condamnation dans son propos. C'était comme un constat, comme une définition sans complaisance d'elle-même. C'était une description lucide de son caractère et de ses sentiments.

Pourquoi ne me suis-je pas rappelé plus souvent cette conversation calme des premiers jours? Mais je n'y ai pas pris assez garde tant nous avions de nous-mêmes toutes les curiosités. Comment aurais-je pu « ne pas la décevoir »? En m'éloignant?

– Je rêve souvent de longues promenades solitaires sur des plages de sable fin; je rêve de mer, de soleil; je rêve à des hivers de feu de bois... J'aime les chats...

– Pourquoi les chats?

– Parce que c'est toujours beau, un chat. C'est fier. C'est seul et c'est beau.

– Et ça griffe!

Elle m'a répliqué presque avec violence :

– Par passion! Pour se protéger! Parce qu'ils savent qu'il faut se protéger des autres, les chats! Ils savent qu'il faut se méfier de tout.

Je l'ai prise dans mes bras pour faire diversion. Et, comme pour la rassurer, je lui ai récité Baudelaire...

« Les amoureux fervents et les savants aus-
[tères,
Aiment également, dans leur mûre saison,
Les chats puissants et doux, orgueil de la
[maison... »

Aurions-nous dû rester fraternels ?

Bertier s'entendit répondre :
– Oui ! sûrement !
Comme si la question lui était posée à lui. Son « oui, sûrement » retentit dans le silence de la nuit. Il en sourit et soupira :
– Mais c'est pas facile non plus !

« Appartenir »...
Cette solitaire avait besoin d'appartenir. Donc, de dépendre. Elle était libre. Je ne l'étais pas. La vie de ceux qui m'étaient proches dépendait encore de moi. Elle avait le souci, la passion de son travail, la charge, l'amour de ses enfants. Moi également. Elle n'acceptait aucun autre lien. J'étais encore attaché.
Ah ! rien n'était simple.
Elle non plus que moi.
Seul le désir est simple. Pour l'heure, il ne nous unissait pas.
Et pourtant nous vivions ensemble des heures d'exception, des heures rares, presque para-

doxales, d'une amitié insolite entre un homme et une femme.

Le temps des grandes vacances est venu.

Il nous fallait le vivre comme chaque année, elle auprès de ses enfants, moi dans ma famille. Nous allions être séparés trois longues semaines. Nous allions nous manquer beaucoup. Nous le sentions déjà.

– J'aimerais te proposer quelque chose. Mais je n'ose pas.

– Pourquoi?

– Tu vas te moquer. C'est... un peu bébête...

Un petit regard en coin, de ses yeux de chat, démentait que ce le fût à ce point.

– Dis tout de même.

– J'aimerais que, là où nous serons, nous nous retrouvions par la pensée, que nous nous donnions une sorte de rendez-vous... tous les soirs... à un moment précis... pour être un peu ensemble.

Elle attendait ma réponse presque anxieuse, un demi-sourire dans ses yeux de chat. Et puis très vite elle ajouta, comme si déjà elle redoutait ma réponse moqueuse d'adulte grossier, comme si elle renonçait à la connaître pour ne pas être déçue...

– Je te demande pardon. C'est une idée de petite fille...

Or, elle avait presque quarante ans, cette petite fille-là!

J'étais resté un moment silencieux. Figé dans ma réflexion. Avais-je fermé une porte?

– Tu ne dis rien?

Je revins à la réalité.

– C'est une idée adorable... lui dis-je.

– C'est vrai?

Et il y avait dans sa voix une surprise heureuse.

– Tu ne trouves pas cela ridicule?

Elle n'ajoutait pas « à ton âge », mais je voyais bien dans son œil cette pensée au masculin. Et au singulier.

– Non...

Je la sentais confortée, presque soulagée par cet accord, cette harmonie.

– Tu sais... je crois que je suis un vieil amoureux de l'amour. C'est peut-être en cela que je suis en danger...

Elle ne m'a pas semblé effrayée.

J'avais prolongé par mon silence et sans le vouloir son souci, car j'étais stupéfait. Je découvrais en elle, si moderne, si proche de son temps, parfois si implacable et si dure dans ses jugements, si dominatrice quand elle commandait sur ses chantiers à une armée d'entrepreneurs, de maçons, de menuisiers, d'électriciens, sans qu'aucun d'eux songeât à répliquer, quelqu'un de tout à fait inattendu. Je découvrais quelqu'un d'un autre temps, quelqu'un de tendrement romanesque. Reculant dans le siècle, elle s'habillait le cœur des naïvetés d'un autre âge. Et ce n'était pas une attitude. Elle en était incapable. Non, c'était une autre part d'elle-même qu'elle me faisait alors découvrir. C'était pour moi une richesse. Elle était donc si vulnérable? Oh! je sais bien que je grossis peut-être un simple petit fait. Ne sommes-nous pas tous vulnérables?

Le souci de le dissimuler, c'est aussi un art de vivre.

Nous nous sommes retrouvés tous les soirs très régulièrement.

Nous avions fixé ce rendez-vous quotidien à six heures.

Allongé sur une chaise longue, je regardais le ciel. J'attrapais au vol le moindre nuage blanc, joufflu comme les angelots des peintres de la Renaissance, et je lui confiais mon message...

Elle, au bord d'une plage, au même instant, le confiait à la mer...

En regardant les vagues.

Comme une bouteille d'espérance.

Nous aurions pu nous écrire. Je ne crois pas que nos pensées auraient couru plus intenses l'une vers l'autre, tant nous ressentions en nous la force magique de cet échange secret.

– Jolie scène! Jolie scène.

Bertier recommence à jubiler. Il sent la touche. Comme le pêcheur au bord de la rivière sent le petit frémissement au bout de sa ligne! La température remonte. Mais Bertier connaît son credo : « Les grands rôles font les grands acteurs! » Hors cela point de salut! C'est ce qui explique leurs angoisses et leurs hésitations. Les grands rôles se présentent en quantité limitée! O combien...

Je rentrais, un soir vers dix heures, dans la vieille maison de famille, à la campagne. Une chanson douce susurrée par un chanteur de charme troublait seule le silence de la nuit.

Ma fille Isabelle était sur la terrasse, enfouie dans les longs bras protecteurs d'un jeune Américain. La rencontre de ma fille et de ce jeune homme me touchait infiniment. Il était venu en pèlerinage sur les plages du débarquement en Normandie, où son frère aîné avait été tué au nom de la liberté. Il reposait dans un petit cimetière militaire – devenu maintenant terre américaine – entre la pointe du Hoc et Port-en-Bessin. En 1948 on ne songeait pas encore à couvrir les murs des villes d'inscriptions péremptoires du style « U.S. go home », on gardait encore un certain sentiment de reconnaissance envers ceux qui étaient venus mourir si loin de leur « home U.S. », peu de temps auparavant.

– Lovely song! me dit-il. Nat King Cole.

Isabelle n'avait pas bougé.

– Euh... oui. Yes. Lovely.

Je ne connaissais pas du tout Nat King Cole. Je le leur ai avoué. Je bafouillais et j'étais gêné comme le sont la plupart des pères dans ces cas-là. Je me sentais inutile, encombrant. J'avais le sentiment qu'Isabelle me guettait. Je la savais prête à m'attribuer, selon mon attitude, une bonne ou une mauvaise note. Pour ne pas me trahir davantage et risquer un zéro de conduite, je suis rentré dans ma chambre. J'avais simplement souri à Isabelle, sans ajou-

ter un mot. J'espérais cependant une note passable, la moyenne en tout cas pour avoir été à peu près « naturel ».

Il n'était pas six heures mais j'avais besoin de ma liberté. J'avais besoin de vivre, avec une autre, un peu de ces instants que vivait Isabelle. Sans Nat King Cole. Avec ma seule musique intérieure. Il me semblait entendre battre mon cœur subitement, comme j'imaginais que battait le cœur d'Isabelle. Mais à quoi bon mentir, c'est le mien seul que j'écoutais. C'était sans doute assez neuf pour elle. Ce l'était pour moi aussi, à l'âge où, pour beaucoup, tout semble déjà hivernal.

Isabelle avait dix-sept ans. Depuis six mois je ne la voyais guère. Je ne savais plus grand-chose d'elle. Et surtout, je ne l'écoutais plus.

L'enfance, cet instant qui nous rattrape sans cesse, la quittait peut-être ce soir définitivement. Je l'espérais touchée par cette grâce que l'amour, à ses premières heures, étend sur les êtres, les inondant soudain d'une exigence neuve de liberté et de vie. L'amour qui ne sait pas encore son nom. L'amour qui ne sait pas encore sa force. Celle, irrésistible, des jeunes pousses aux premiers signes du printemps. Qu'importait qu'Isabelle n'en puisse pas encore mesurer l'importance! Elle recevait de ce jeune homme le meilleur d'une première rencontre : la confiance. Confiance en elle. Confiance en la vie. Oui, je l'espérais confiante. Confiante de se sentir désirée. Confiante de cette présence d'un corps contre le sien. J'étais heureux que ni l'un ni l'autre n'ait bougé à mon approche, qu'ils ne se soient pas sentis honteux ou coupables. Ils étaient chastes, paisibles. Goûtant le silence de la nuit, ils n'entendaient sans doute que le chant des cigales à travers celui de ce Nat King Cole! Ou bien ils écoutaient la musique plus vague, plus silencieuse, de leurs songes. Ils étaient ensemble. Ils étaient bien.

Dans le refuge que m'offrait la nuit, c'était à moi aussi que je pensais. C'était à elle. C'était à moi. C'était à nous. A Amsterdam. Au petit lac romantique. C'était nous que je voyais. Où était son refuge? Quelles pensées l'animaient en cet instant?

– Bonsoir, papa!

Des heures avaient passé sans que je m'en rendisse compte. Isabelle allait se coucher.

– Tu es seule?

– Oui. Nick est parti. Bonsoir, papa.

Elle se pencha pour m'embrasser.

– Bonsoir, mon chéri.

– Tu vas bien?

– Très bien.

– Tu as l'air bizarre...

– Non. Pas du tout.

– Tu sais... il ne faut pas t'inquiéter. Je suis sage. Et il est si gentil.

Il contenait beaucoup de choses ce « si gentil » d'Isabelle! L'espoir, l'attente un peu anxieuse des instants à venir. J'ai souri à Isabelle, si soucieuse de me rassurer alors qu'elle n'était nullement mon souci. C'est moi qui aurais dû la rassurer, la questionner peut-être.

– Mais je ne m'inquiète pas du tout. Et je le

trouve en effet très gentil... Je ne voulais pas être importun. Je suis parti pour vous laisser tous les deux. C'est tout.

Isabelle me regardait sans aucune ambiguïté. Elle me regardait, claire, propre. Et pourtant je me sentais deviné, interrogé. Compris ? Je ne sais pas. Etais-je donc si transparent ? Etait-elle donc si femme déjà ?

Elle m'a souri, après un temps qui m'a paru long.

– Bonsoir, mon papa.

Isabelle avait retrouvé sa voix d'enfant pour me dire ce « bonsoir, mon papa ».

C'est vrai, j'étais le père. Je ne pouvais pas l'ignorer.

Le père d'Isabelle et celui de Jeanne aussi, ma fille aînée. A elles aussi je me devais. Pour ne pas risquer de perdre leur confiance. Pour ne pas risquer de leur devenir étranger, je me devais d'être à leur écoute. L'une cherchait son chemin après une grave déception. L'autre allait devenir femme sans que je comprenne ce passage, peut-être difficile ?

– Ben quoi ! J'ai fait l'amour !

La phrase cogna le crâne de Bertier.

– Si les émois restent les mêmes, comme les mots changent ! Les mots et les mœurs...

Bertier se rappelait soudain la manière dont sa fille Brigitte, quinze ans et demi, lui avait justifié un jour une rentrée tardive et matinale au lendemain d'une « boum ». Et le choc qu'il en avait reçu. Brigitte était la fille d'un premier mariage, très tôt rompu. Il ne la connaissait guère et savait peu de chose d'elle. Il la rencontrait quinze jours par an aux vacances. Quand son métier lui permettait d'en prendre. Et encore... pas chaque année. Quelques week-ends. Ou bien Noël, aux sports d'hiver, quand il ne tournait pas. C'était à peu près tout. Bertier et Brigitte essayaient loyalement l'un et l'autre, en ces diverses occasions, de se rapprocher et de faire connaissance. Mais en vain. Ils demeuraient étrangers malgré une timide volonté commune de faire mieux. Enfant copain, elle confondait tout. Elle lui offrait sa franchise comme un cadeau, qu'il était incapable de recevoir. Et, passé le temps de l'adolescence, leurs relations ne s'étaient pas améliorées. Est-ce parce que Bertier faisait ses délices de jeunes femmes à peine plus âgées qu'elle et qu'elle le savait? Est-ce parce qu'elle se voulait « décontractée », et que Bertier lui permettait toutes les libertés? Celle du langage comme celle du sexe? De mon père à mon vieux, de papa à mon pote? Il ne savait jamais très bien comment accueillir cette fille aux cheveux gras, au corps sans forme, que tous les folklores pittoresques de la jeunesse avilissaient.

– Ben quoi, j'ai fait l'amour!

Bertier avait reçu la phrase en pleine tête, comme un coup de poing. Il en était resté sonné quelques instants. Dieu sait pourtant qu'il n'était pas un père conventionnel et que les rapports n'étaient pas « routiniers » entre Brigitte et lui! Ils étaient habitués l'un et l'autre à des échanges verbaux où le décalogue n'avait pas la meilleure part. Mais là...

Pourquoi s'en souvient-il aussi précisément ce soir?

C'est que ce souvenir est lié à un livre. A un livre que Marcel a écrit jadis. Et ce livre, à Geneviève. Geneviève qui a cru se reconnaître malgré les dénégations de Bertier dans un personnage du livre. Un mauvais personnage. Elle n'avait pas apprécié du tout. Si peu, même, que, sans en être la cause principale, ce fut entre eux un motif supplémentaire d'affrontement. Et peut-être même une première raison de rupture.

« De l'influence de la création littéraire sur le milieu ambiant... et des conséquences qui en découlent pour le créateur. »

Père, certes, mais artiste avant tout, obéissant à ce réflexe naturel qui permet de transformer la moindre blessure en émotion créatrice, et ainsi de la soigner... Fabrice Bertier s'était alors confié à ses petits carnets intimes. Comme on met en conserve les petits pois de l'été pour les hivers à venir. Il avait commencé un journal dans sa prime jeunesse et parfois il sacrifiait encore à cette petite manie.

Et c'est en y puisant quelques extraits que Marcel Berland avait écrit son livre. Ce livre qui avait tant déplu à Geneviève...

« Brigitte était là devant moi, un peu agressive, le visage fatigué, le cheveu défait, le regard mal assuré, le sourire crispé. Pas véritablement fière au fond de sa curiosité. Peut-être déçue même. Et cette idée-là me blessait. Ce devait être si important et si heureux, le premier don de soi. Quel gâchis si elle était déçue. Et c'est sa mère qui en était responsable. J'avais toujours pensé qu'elle était incapable de s'occuper de l'éducation de sa fille. Pauvre Brigitte ! »

Cette phrase-là aurait choqué son public s'il en avait eu connaissance !

« Il faut être d'une inconscience totale pour oser écrire une chose pareille, alors qu'on a quitté sa femme et son enfant ! s'était écriée

Geneviève. Quelle injustice! » Mais Bertier, dans ses petites rédactions, n'était pas à une injustice près...

– Ben quoi, j'ai fait l'amour!

« J'étais choqué, écrivait Bertier dans ses petits carnets intimes, non par réflexe paternel ou par pudibonderie, mais parce que d'un seul coup... si je puis dire! (oui, il avait osé écrire cela!) parce que d'un seul coup j'avais la révélation d'abord que Brigitte n'était plus une petite fille, à quinze ans et demi, mais surtout qu'elle m'était totalement inconnue. Elle n'était pas – mais pas du tout – l'enfant que j'avais espéré. Elle était autre chose même qu'une petite fille libre. Elle venait de faire l'amour comme s'il lui avait fallu obéir à un code. Comme si elle était prisonnière d'une mode, d'une mystérieuse idéologie nouvelle... la liberté sexuelle! Surtout, ne pas avoir l'air idiote, faire comme les autres. On baise pour se soumettre aux impératifs du jour.

» Je sais bien que maintenant elles commencent à douze ans, avait-il encore noté, mais tout de même. Comme les parents sont dangereusement indifférents parfois. »

J'étais partagé entre la colère et le dégoût, l'envie de lui flanquer une gifle et de la prendre dans mes bras. J'étais un peu hébété. Je n'ai pas su, je n'ai pas pu lui dire un mot. Face à face, un peu bêtes, semblant attendre l'un de l'autre un geste, un élan, un sourire, une complicité dont nous n'avions pas l'habitude, nous sommes restés prisonniers de notre silence. Aucun de nous n'a été capable de profiter de cette circonstance particulière pour se laisser gagner à un peu de compréhension, un peu d'indulgence envers l'autre. Nous n'avions jamais rien vécu ensemble. Le silence et la gêne sont devenus alors notre compagnon définitif.

– Ben quoi, j'ai fait l'amour!

– Ah... bon! avait dit Bertier sans rien ajouter.

Et il avait laissé Brigitte au souvenir de sa nuit. Entre le « Ah » et le « bon », il y avait eu le temps très long de leur affrontement muet. Ce temps pendant lequel Bertier avait vu le corps d'un garçon penché sur le corps de sa fille. Cette image lui avait été assez odieuse. Pourquoi? Parce qu'il savait à quel point les étreintes sans amour, où l'homme se caresse à l'intérieur d'un sexe, laissent une femme indifférente. Parce qu'il connaissait les regards froids « d'après ». Des regards qui signifient :

– Ouf! C'est fait. Tu es content?

Celle qui n'a alors reçu qu'un beuglement sans écho allume immédiatement la cigarette de l'après-extase, d'un petit air ironique et méprisant.

C'était peut-être cela, la « première fois » de Brigitte?

Horrible!

En quittant sa fille, Bertier ne put s'empêcher d'entendre un bruit d'eau.

– Après tout, elle a peut-être été heureuse...

Et d'ailleurs il tournait cette année-là (vingt-cinq ans déjà, mon Dieu!) une version moderne des *Liaisons dangereuses...* Il n'avait pas eu le temps d'y penser davantage.

Bertier reprit le cahier de l'inconnu qui décrivait les émois de sa fille Isabelle et sa propre émotion dans des termes si différents.

C'était un chapitre consacré à l'épouse...

Bertier le parcourut rapidement, ce chapitre-là. Les problèmes de l'épouse, problèmes classiques de la femme délaissée, il ne parvenait pas à s'y intéresser beaucoup. Et pour cause ! Il en avait délaissé trois (officielles...) !

Néanmoins, il retint dans ce chapitre le silence qui s'était installé entre l'épouse et l'homme. Un silence épais, inhabituel. Le départ en vacances avait été difficile tant « *j'avais le goût de partir avec l'autre* », écrivait l'homme du cahier.

Le train nous emmenait. Les roues sur les rails semblaient rythmer cet éloignement de leurs battements lourds et réguliers. Je partais. Et je me demandais pourquoi. Je regardais mes enfants plongés dans leur lecture. Je regardais leur mère assoupie, la tête penchée sur l'épaule. Dormait-elle ? Jeanne leva les yeux.

– Ça va ?

– Oui, très bien. Pourquoi me demandes-tu cela ?

Il n'était pas dans la manière de Jeanne de s'inquiéter des autres...

Pourquoi s'inquiétait-elle de moi?

– Pour rien... Tu avais l'air de souffrir.

– Pas du tout... Je... je réfléchissais.

– Ah bon?

Isabelle me regarda aussi, distraite un instant de sa lecture.

– A quoi?

– A quoi... quoi?

– A quoi... réfléchissais-tu?

– A... à nos vacances...

Isabelle sourit. Elle regarda sa sœur qui, elle, ne m'avait pas quitté du regard. Nous sommes restés ainsi silencieux pendant de longues secondes, nous souriant sans cesse et nous regardant. Une sorte d'interrogatoire tout en douceur, avec leurs yeux fixés sur moi comme les lampes aveuglantes des tortionnaires d'une police spéciale.

– Mais... pourquoi me regardez-vous ainsi?

– Pour rien, dit Jeanne en riant.

– Parce qu'on t'aime bien... c'est tout, conclut Isabelle.

Et elles reprirent leur lecture après qu'Isabelle eut prolongé un instant encore son regard...

Ma femme n'avait pas bougé. Avait-elle entendu? Elle qui n'interrogeait pas mais qui savait.

Je sentais qu'elle savait. Quoi? Tout, rien... Quelque chose!

J'étais agacé par des sollicitudes nouvelles. Ces prévenances excessives me semblaient lou-

ches. Aussi fausses que les paroles de réconfort qu'on adresse aux grands malades pour leur prouver leur bonne santé. Leur faire croire à une guérison prochaine. C'était horripilant, cette parfaite sérénité apparente. Alors que – j'en étais sûr – elle n'était, ne pouvait être que questions.

Qu'allaient-ils devenir, tous? Qu'allait devenir cette cellule à laquelle elle me sentait attaché et que je respectais encore? Qu'allait-elle devenir... elle? Des images s'entrechoquaient dans ma mémoire, comme si déjà les souvenirs m'assaillaient. Souvenirs anciens, souvenirs tout neufs qui, déjà, dans ma tête, se disputaient entre eux. J'avais envie de leur crier que ma pensée ne leur appartenait plus, que j'étais en plein printemps, en plein éveil! Mais je me sentais condamné au silence! Pris comme dans un carcan. Attaché par le fameux lien sacré du mariage.

Le sentiment de culpabilité... C'est comme un jeu! Un jeu subtil. On ne sait pas qui le joue. Le coupable ou la victime. Mais le jeu laisse à chaque fois une sensation de peur horrible, d'angoisse. C'est le jeu de la pieuvre qui lentement vous enserre de ses tentacules jusqu'à l'étouffement. On tire sur le lien pour se dégager. Plus on tire, plus la corde se resserre, plus la pieuvre vous étrangle. Elle semble se nourrir de votre force neuve pour parfaire son étranglement, comme la plante saprophyte – curieux jeu des sons – tire sa subsistance et sa vitalité de l'arbre qui l'accueille, le tuant peu à peu.

Et pourtant...

Sans même avoir su l'émouvoir dans mes bras, je me sentais lié à une autre déjà. Je n'avais qu'une idée, qu'une attente : nos rendez-vous de six heures! J'avais le besoin irrésistible d'en éprouver le trouble. L'espoir de connaître un jour tous les secrets dissimulés derrière les yeux de chat.

Non, ce n'était pas une simple aventure! J'aimais! J'avais envie de partir! De partir avec elle! Comme à vingt ans on ressent le besoin irrésistible de s'arracher! De partir vers un ailleurs. J'avais une envie frénétique de vivre. De vivre quelque chose de neuf. Avec elle! Avec elle! Avec elle! Les mots cognaient dans ma tête comme les roues du wagon sur les rails! Avec elle! Avec elle! Avec elle!

Elle, il la voyait blonde...

Bertier s'est redressé pour prendre un cendrier. Il a une sorte d'illumination. Oui, il la voit blonde. Il n'aurait pas su dire exactement pourquoi mais... Serait-ce une réminiscence? Elle est blonde! Sûrement. Elle lui plaît en blonde! Il lui devine une autorité sans faille, une force de caractère peu commune. Une honnêteté aussi. Les propos tenus lors de leurs fameuses conversations des premiers jours le révèlent. Il la voit blonde, aux yeux verts bien entendu, puisque le cahier parle de ses yeux de chat. « Qui pourrait jouer cela? Il faudra y penser très vite! »

– Elle est sûrement grande, élancée. La description de la démarche, légère comme celle d'un oiseau, en est le signe (si je puis dire...

ajoute mentalement, incorrigible plaisantin, un Bertier de plus en plus allègre à mesure que l'heure s'avance). Elle s'habille sûrement très bien... Dans le genre sport... Un peu à l'anglaise... jupe, chemisier... Tiens, c'était quoi, la mode, en 48? Ah! « new-look »! Ça peut être rigolo. Mais... mais... mais... Est-ce la jupe longue et basse qui le provoque?

Brusquement Bertier revient en arrière...

– Mais pourquoi diable a-t-elle exigé d'être dans le noir lors de leur première rencontre? L'amour, ça se pratique au grand jour, bon Dieu! Elle l'attendait en lisant. Bon! D'accord! Mais comment? **Sur** le lit, habillée? Ou **dans** le lit... nue? Hé, hé!

Ou bien on fait un vaudeville et on tourne la scène dans le noir!

– Où es-tu?

– Je suis là!

Il s'élance! Se prend le pied dans le tapis!

Et renverse la table de nuit...

Dans sa jeunesse, Bertier a été le spécialiste de ce genre de rôle!

Ou bien on tourne *Romantic Comedy*. Lumières tamisées, musique douce :

– Eteins...

– Pourquoi?

– Parce que... je t'en prie...

Et dans son œil il a vu que, pour elle, c'était la première fois...

Fondu enchaîné sur... une heure plus tard!

Bertier a aussi tourné ces scènes de pudeur exquise...

Curieuse attitude tout de même! Il est très intrigué, Bertier.

– Pourquoi cette femme a-t-elle ainsi privé cet homme des premiers troubles de l'amour? Est-ce là une manifestation de timidité ou de pudibonderie? se demande-t-il. Pourtant l'inconnu du cahier la décrit comme étant ravissante. La beauté, ça aide à surmonter les complexes. Ah... à moins que... Nous sommes en 48... **depuis la mort du mari en déportation...** Ceci expliquerait mieux cela... et mériterait toutes les indulgences. On aurait alors une très jolie scène, très émouvante. Marcel! A toi de jouer!

» Mais qui pourrait bien jouer ce rôle...? C'est très important... la partenaire...

Certes, monsieur Bertier.

A l'écran ou à la ville?

En septembre nous nous sommes rejoints dans une petite île bretonne que je connaissais depuis l'enfance pour y avoir séjourné avec mes parents. C'est un univers protégé, d'arbres et de fleurs, et où la mer seule est maîtresse des hommes.

Je l'attendais sur le port. Le ciel était radieux.

C'est une merveilleuse image... une femme que l'on attend sur un quai et qui vient à vous, debout, à la proue d'un navire. Elle s'avance, majestueuse et lente, au rythme du bateau, comme si elle voulait déjà qu'on l'admire de marcher ainsi, sur les eaux, pendant les quelques minutes où le navire s'approche.

Je l'accueillais de tous mes regards, tout aussi longuement.

Le petit bateau, que ma joie de la revoir transformait en navire, a enfin accosté. Elle a sauté sur le quai.

Le vent soufflait, léger, et chassait les nuages.

Nous avons marché l'un vers l'autre.

Chacun de nos pas ressemblait à une promesse.

Le bonheur de nous revoir éclatait comme une espérance.

Un sourire lumineux montait sur nos visages.

Nous avons couru pour raccourcir les derniers mètres.

Je suis sûr que nous étions beaux.

Après les longs jours de vacances impossibles, nous nous retrouvions. Et ce jour-là, enfin, nous nous sommes unis. Sûrs, éperdus, heureux.

Et nous nous sommes découverts totalement l'un à l'autre.

Merveilleuses retrouvailles!

C'était, après le long mûrissement du printemps et de l'été, comme une récolte d'automne dans la richesse, la lumière et l'or de septembre.

Au matin, j'admirais le flamboiement de l'aube sur la mer. Elle aussi frissonnait de toute sa joie. Elle resplendissait, verte et flamme, sous les reflets cuivrés de ce lever du jour. L'air avait une fraîcheur de santé. Les mouettes en quête de proies glissaient, vives et légères, au ras de l'eau, comme elle naguère sur son quai d'Amsterdam...

Je m'étais levé très tôt. Les premiers pêcheurs partaient au loin poser leurs filets pour tenter de satisfaire les appétits gourmands des derniers touristes. Elle dormait encore.

Je saurais un jour à quel point le sommeil était pour elle un véritable compagnon. Un compagnon sûr, qu'elle aimait d'un amour sans égal, car lui ne la décevait jamais.

Ne pas décevoir ?

Je n'avais pas déçu. Enfin... je l'espérais.

« Parce que les autres déçoivent. Toujours. »

La phrase m'occupait un peu l'esprit tandis qu'elle dormait ce matin-là de son sommeil de chat. Car elle était comme les chats, capable de dormir en construisant des mondes, indépendante et solitaire comme eux. Et puis elle s'étirait, déjà active, déjà volontaire, et elle se levait d'un bond souple et bref pour une toilette attentive et savante avant de consacrer la suite du matin à un petit déjeuner qu'elle dévorait de toute sa gourmandise féline et délicate. Après quoi, sa vie appartenait au travail.

Mais ce matin-là elle dormait encore...

Et je songeais, sur la terrasse de la petite maison qui dominait la mer...

J'étais heureux. Heureux comme on l'est aux premiers instants d'une grande joie. Quand rien n'en vient ternir l'éclat. Quand on en goûte encore toutes les saveurs. Heureux dans mon corps. Heureux d'avoir été moi-même. Etait-ce là un orgueil coupable?

J'étais heureux pour elle. J'étais heureux pour moi.

Tous les bonheurs dansaient en moi comme les bateaux dansaient au loin sur la mer. A travers ses regards, sa blondeur...

– Tiens! je ne m'étais pas trompé! (C'est Bertier qui intervient en constatant qu'elle est blonde comme il en avait l'intuition!)

... à travers sa lumière, son esprit, j'imaginais toutes les découvertes que nous allions faire, tous les paysages nouveaux que nous allions connaître ensemble. A la seule condition précisément de « ne pas décevoir ».

Un autre visage dansait aussi sur la mer...

Un visage grave et triste. Il revenait vers moi comme le visage ancien de ma vie passée aussi régulièrement que le petit bouillonnement d'écume sur le sable qui dentelle chaque vague. Mais dans l'émerveillement de ce matin nouveau, s'il se mêlait à ma rêverie, ce visage ne me contraignait pas encore à aborder aux rivages sombres de la réalité.

On ne peut pas avoir quinze ans et soixante à la fois.

Elles sont si belles les aubes de septembre sur la mer...

– Prends tes précautions, me soufflait une voix intérieure, prends tes précautions!

C'est drôle... Ce souvenir d'enfance me montait à la tête. Est-ce parce que j'étais sur cette île?

Quand j'étais petit garçon j'entendais souvent les grandes personnes parler entre elles de précautions...

– Prenez vos précautions surtout, prenez vos précautions!

J'imaginais ces fameuses précautions comme autant de médicaments ou de pilules à avaler! Les grandes personnes devaient à l'évidence se prémunir de quelque mystérieuse maladie en ingurgitant ce remède spécifique : les « précautions ». Comme j'étais très timide, je n'avais jamais osé demander à mes parents ce que c'était vraiment et où l'on pouvait bien trouver et acheter des « précautions ». Si bien que pour moi le mystère était resté entier longtemps. J'ai mis tant d'années à devenir adulte! Je me demande d'ailleurs si je le suis un jour devenu. Bref, j'étais enfant et je n'avais nul besoin de précautions, vivant ce merveilleux temps-là sans problème, sans question et en parfaite santé!

« Parce que les autres déçoivent toujours. »

« Prends tes précautions... prends tes précautions... »

Ce matin-là, le soleil montait dans un ciel sans nuages. J'avais envie de crier, au vent, aux vagues et à la mer, cette ivresse que je sentais monter en moi comme un éblouissement neuf, comme un chant de liberté.

Non! Je n'avais nul besoin de précautions! Je ferais tout pour ne pas décevoir...

D'où vient qu'après de longues années de mariage, alors que la vie de chacun se déroule chaque jour à un rythme régulier, alors que la passion a fait place, chez l'un et chez l'autre, à une affection attentive – peut-être plus attentive aux états pathologiques... qu'aux états d'âme –, alors qu'on ne se pose plus de questions sur un avenir ensemble, que chacun se connaît si bien qu'il ne craint plus, de l'autre, une mauvaise surprise... d'où vient qu'à l'âge où les égoïsmes sont complémentaires, le quotidien sans histoires, les sommeils réparateurs, les nuits sans cauchemars, les ardeurs perdues mais d'autres rires retrouvés et les pardons sans réticence, que les rides de l'âme s'estompent alors qu'apparaissent celles du visage... d'où vient que l'on remette tout en question pour une tête sur une épaule?

D'où vient qu'on bouleverse un univers serein pour deux yeux ravissants, pailletés d'or, qui parfois vous observent et vous jugent comme le font les chats, posés droits et dignes sur leur derrière tranquille, magistrats d'un instant, si sûrs de leur bon droit, ou bien alliés du diable qui vous déchirent et vous blessent, dont alors on ressent si cruellement la rigueur des sentences? l'injustice des jugements? D'où vient qu'un temps ils vous déséquilibrent?

Il m'est arrivé souvent au cours de ces années, que j'ai vécues si intensément passionné et proche d'elle, de rencontrer de vieux couples, marchant côte à côte, d'un pas paisible et uni, dans les rues, ou sur un chemin de vacances, et d'en être ému, profondément bouleversé, même.

Je me posais alors toutes ces questions.

Je les enviais.

J'enviais leur paix, leur sérénité, même silencieuses.

Quelqu'un pensait à bon droit parcourir à mes côtés tous ces chemins sereins qui, avec le temps, mènent à la mort.

Avec qui marcherais-je ainsi un jour?

On s'emprisonne avec des mots tout aussi sûrement que derrière des barreaux.

Pourquoi briser ainsi cette unité en moi?

Inconscience, faiblesse, orgueil, amour?

En vérité, je crois qu'un matin doré de septembre, en regardant la mer, je me suis senti assez fort pour tout assumer, le chagrin et la colère, le bonheur et l'exigence, un avenir et un passé, l'injustice et la rigueur.

Je me suis senti assez jeune pour ne pas apercevoir mes limites. Je me suis senti assez fou pour ne tenir compte que de moi, pour me laisser aller à cette sensation prodigieuse, celle de naître à nouveau.

Je me trompais.

Mais je pressentais en elle tant de richesses.

Je ne pensais qu'à les découvrir...

Je regardais les vagues. De toute leur ardeur elles frappaient les rochers. Elles se brisaient sur eux mais revenaient sans cesse. Combien de temps avaient-elles passé ainsi à déchiqueter la pierre? La pierre qui accueillait les vagues. Les vagues qui cognaient sur la pierre.

Elles jouaient ensemble à se faire mal. Sans

souci du fracas, sans souci d'être déchiquetées, ni l'une, ni l'autre, par l'une et l'autre. Les vagues avec la pierre. La pierre avec les vagues.

Comme si le jeu assurait leur propre vie.

Comme si le jeu était le témoin de leur force mutuelle, de leur ténacité. De leur volonté de s'affirmer à l'autre.

Comme si le jeu en valait la peine.

« Elle en vaut la peine... elle en vaut la peine. »

Soudain je rythmais la phrase au rythme des vagues. J'avais besoin de donner. Elle avait besoin de recevoir.

Du moins je le croyais.

« Elle en vaut la peine... elle en vaut la peine. »

Je ne pouvais pas tout donner.

« Elle en vaut la peine... elle en vaut la peine. »

Avait-elle besoin de tout recevoir? Esprit, grâce, amour. Intelligence et raison.

A l'évidence, nous allions pouvoir vivre sur cet accord ou sur ce compromis.

Complices et passionnés, inlassables comme les vagues sur le roc, nous allions pouvoir vivre, enfants-adultes, sur nos richesses et nos contradictions.

« Elle en vaut la peine... elle en vaut la peine. »

Mais nous n'avons qu'une seule vie...

Je n'y songeais pas ce matin-là, en regardant la mer.

– Encore un qui a réfléchi trop tard! se dit Bertier.

Le goût du renouveau? Soyons sérieux. Il arrive un instant dans l'existence où chacun sait, ou doit savoir, que le bonheur est une aventure intérieure! Qu'il n'y a pas d'« ailleurs ». S'il y a un au-delà. Qu'aucun être ne peut tout apporter à personne. « Parce que c'était elle, parce que c'était lui? » Ha, ha, ha, ha, ha! Même Montaigne s'est fait piéger! Et pourtant ses choix, bien à lui, avaient été mûrement réfléchis.

Renoncer, ce n'est pas mal non plus. Seulement voilà... il faut pouvoir...

Il a connu cette tentation-là, Bertier, de renoncer. De vivre en « densifiant le temps »... comme dit le poète.

Et curieusement il a connu cette tentation après le triomphe d'un film! Un film tiré du fameux livre, excellent, de Marcel, mais que Geneviève ne lui a pas pardonné. Car, outre sa fille, elle s'est reconnue, elle, dans la description d'un personnage. Un personnage dont l'attitude l'a horriblement choquée. Et c'est bien vrai qu'elle a servi de modèle. Le tam-tam parisien a résonné! Bertier, nous l'avons vu, a eu beau lui affirmer que cela était faux, que Marcel avait pris pour modèle une ex-actrice devenue l'égérie d'un homme politique connu... et que seule son imagination avait fait le reste... Geneviève n'était pas femme à se contenter d'explications habiles, certes, mais douteuses.

La vie privée des créateurs n'est pas toujours aisée à vivre ni à comprendre. Et Geneviève n'était pas de celles qui font de grands efforts pour y parvenir.

La gloire et le drame. Le triomphe et la tragédie. Fabrice Bertier avait connu cela.

Et il avait ressenti à ce moment-là un immense vide. Car alors Geneviève – pour cela et pour bien d'autres raisons – s'en était allée pour ne plus jamais revenir. Il avait eu la tentation de s'arrêter, Bertier. De tout balancer. Y compris lui-même. De renoncer à vivre ! lui ! Fabrice Bertier ! En pleine gloire ! Et pourtant...

Ce soir encore il se demande pourquoi il n'a pas fait sauter les plombs.

– Qu'est-ce qui m'a raccroché... ?

Les rôles, monsieur Bertier. Tous les rôles...

La gloire et la tragédie, c'est utile pour les acteurs. Ils s'enrichissent de leurs drames, eux aussi.

Des rôles, des rôles qui s'ajoutent aux rôles...

C'est la meilleure psychanalyse des acteurs.

Les personnages sont des amis. Des amis égoïstes qui obligent les acteurs.

Un jour, plus tard, beaucoup plus tard, Bertier avait rencontré une jeune nymphe. Et le manège était reparti.

Décidément, il commençait à l'aimer, cet inconnu du cahier. Même en l'engueulant intérieurement !

Il tamponna les larmes du souvenir et décida d'aller se coucher.

Nuit du 27 au 28 décembre 1988.

Bertier dort.

Son sommeil est agité.

Un film se projette dans sa tête. Celui de sa vie. Avec retours en arrière, ralentis, arrêts sur image. Des personnages réels et d'autres fictifs s'y heurtent. S'entrechoquent. Se confondent.

Sa mémoire – cette mécanique étrange des acteurs qui fascine tant les spectateurs – est en marche. Affectée néanmoins de quelques manques. De quelques trous...

Ainsi, il a avoué tout à l'heure devant son miroir vénitien une « soixantaine » avantageuse. Il a un peu oublié les matinées! Il aurait pu pousser davantage et se reconnaître une « bonne soixantaine » rondouillarde (soixante-sept exactement) sans crainte de blesser la vérité. Mais la peur est là, sournoise. Bertier va même jusqu'à se teindre les cheveux depuis quelque temps. Persuadé que ça ne se voit pas!

Sans doute à cause d'une jeune personne née trente-cinq années après lui et avec laquelle il vit présentement : la jeune épousée que nous avons déjà évoquée.

– C'est ma Formule 1 ! dit-il, épanoui.

Pourtant, naguère, Bertier était le premier à rire et à se moquer de ces artifices dérisoires qui n'abusent que ceux qui les emploient.

– Pourquoi laisses-tu pousser tes cheveux blancs ? lui reprochait un jour sa deuxième épouse.

– Ça va tellement emmerder les femmes de mon âge !

Mais les années passent.

Et pour lui des années bien remplies.

Engagé volontaire en 1939, à dix-huit ans, Bertier s'est battu héroïquement sur la Loire en 1940 avec ceux du Cadre noir de Saumur. Puis il a connu l'armistice, le début de la Résistance, le délice des prisons espagnoles en tentant de gagner l'Angleterre. Il a rejoint Londres en 1941, débarqué en Afrique du Nord en 1942. Il s'est battu admirablement au sein du 1er bataillon de chasseurs parachutistes qui l'emmènera dans ses suspentes et ses plis jusqu'en Allemagne. Il finira la guerre comme lieutenant, croix de guerre avec palmes, médaille militaire et, avec le temps, Légion d'honneur. Tout cela est bien oublié de nos jours par les générations nouvelles. Mais mérite néanmoins d'être rappelé. Fermez le ban !

Bertier n'a jamais été primé. Ni à Cannes. Ni à Venise. Ni Oscar. Ni César. Mais il vend. Beaucoup. « Il fait des fauteuils », suivant la formule consacrée. Trop pour être reconnu comme un acteur de valeur – on est en France tout de même! – mais suffisamment cependant pour qu'une partie des murs de sa maison de production tienne debout grâce à la vente de ses films. Du moins, c'est ce qui se murmure dans les maisons concurrentes des ruelles bien-pensantes jouxtant les Champs-Elysées et dans les très somptueux bureaux des télévisions d'Etat installés dans les mêmes champs élyséens.

Dans les grandes années, Bertier allait jusqu'à tourner trois et quatre films par an. Le tout traduit dans vingt-huit pays et en sept langues! Il est un des rares acteurs français à « avoir un nom » aux USA! Référence! Référence!

Hélas... depuis cinq ans... net ralentissement.

Grave renversement de tendance. Et il en souffre beaucoup.

Il le dissimule. Mais il en souffre.

Bertier a été marié trois fois. Passons rapidement sur la première. Elle n'a aucun intérêt pour notre récit. Il a rencontré une jeune « Miss Côte d'Azur » ravissante, style shampouineuse en vacances, en décembre 1945. Il l'a épousée en octobre 1946. Il l'a trouvée navrante – malgré des dons évidents pour les langueurs exquises – en mai 1949. Il s'en est séparé en novembre de la même année. Il ne l'a pratiquement jamais revue depuis. Ah! les conséquences d'une guerre! Et d'une faute car, au passage, il lui a tout de même fait une fille, Brigitte.

1949! C'est encore le temps maudit où les hommes – ex-baroudeurs de la guerre mondiale – se souciaient bien peu des suites de leurs conquêtes. La réaction féminine viendra. O combien !

La troisième, c'est la jeune nymphe. Madame numéro trois.

Quant à la deuxième... Ah ! la deuxième...

Démobilisé en 1945, sans travail, sans relations, Fabrice Bertier a partagé avec son jeune frère Pierre et la « Miss Côte d'Azur » un minuscule rez-de-chaussée deux pièces, porte d'Asnières, pendant deux ans. Puis Pierre est parti rejoindre leur père en Tunisie. Un père toujours en vadrouille, mi-flemmard, mi-aventurier, qui a fondé une petite boîte d'import-export près de Sfax. Un père remarié sur place à une femme que Bertier ne connaît pas et ne veut pas connaître tant il a gardé d'amour pour sa mère, morte le 10 septembre 1939, une semaine après la déclaration de guerre.

– Tiens, un peu comme la mère de l'inconnu, en 1913 !

Après s'être séparé de sa miss-mère abandonnée, d'une manière assez mufle d'ailleurs, il erre de logis en logis et de petits métiers en petits boulots. Il va se retrouver en 1950 comme figurant au cinéma. En décembre il décroche un engagement – modeste – dans un film de « guerre » où son expérience sera utilisée en outre comme conseiller technique.

C'est là qu'intervient la deuxième madame Bertier.

Il la rencontre en janvier 1951. Il la trompe en 1953, et il l'épouse en 1956, après cinq années de « fiançailles »...

Pourquoi la trompe-t-il? Pourquoi l'épouse-t-il? Mystère!

Mais tel est Bertier : il papillonne beaucoup.

– J'ai été un beau salaud quand même! reconnaît-il parfois.

Sa vie de star lui permettra de confirmer cette disposition naturelle et cette objectivité.

Mais, malgré cela, il l'a bien aimée, la deuxième, Bertier! Eh oui! les hommes sont ainsi. Ils en sont même à se demander parfois dans la dernière partie de leur vie pourquoi ils ont été aussi ignobles dans la première! Certaines femmes se posent également les mêmes questions, paraît-il.

Madame Bertier numéro deux, de sept années plus âgée que lui, a pris en charge leurs premières heures difficiles. Assistante d'un grand metteur en scène de cinéma, elle gagne bien sa vie. Lui, pas. Pendant les dures années de la paix retrouvée, il s'est essayé à vendre des journaux, des chapeaux féminins, des voilettes et même des extincteurs, produits de surplus américains! Mais sans grand succès. La foi n'y était pas. L'extincteur c'est pas son truc, la voilette à fleurs non plus! Il a donc « tâté » de la figuration! Mais Bertier, bien souvent, n'a mangé qu'une fois par jour. Et encore... pas tous les jours. Madame numéro deux lui a donc donné un toit, un lit – le sien – et une table.

Ainsi, grâce à elle, Bertier a tenu et vécu et mangé au temps des vaches maigres. Certains préfèrent oublier. Lui, non. Il en conserve un souvenir attendri. Attendri et reconnaissant. Ce sont des images de sa jeunesse qu'il gardera toujours.

Madame numéro deux, grâce à ses relations, a favorisé les débuts de Bertier. Un premier rôle et deux scènes dans un grand film. Puis un autre. Deux scènes toujours. Un peu plus visibles. Succès d'estime, sans plus. Cela permet néanmoins de mettre un peu de beurre – encore rare en 1951 – dans les épinards. Et puis un jour Marcel Berland, jeune écrivain inconnu, écrit le scénario et les dialogues d'un petit film. Bertier le joue. Le met en scène, grâce à Madame numéro deux. Le petit film est un grand succès. Dès lors tout s'enchaîne. Le troisième – grand – film de Bertier « fait » quatre millions d'entrées !

Six mois plus tard, Marcel Berland adapte pour le cinéma son premier bouquin. Bertier y joue le rôle principal. Triomphe !

En 1958, Bertier est un acteur reconnu. Dans cette euphorie des années 50, et dans la foulée, il épouse Madame numéro deux le 27 décembre (tiens, comme ce soir) 1956, « en guise de cadeau de Noël », lui a-t-il dit en riant ! Et curieusement encore, en décembre (1958), deux ans plus tard, Bertier vend aux Américains les droits du premier film qu'il a tourné lui-même, *Soir de fête*, d'après le scénario de Marcel. Le film sort le... 27 décembre 1960 ! Triomphe mondial !

Bertier a su très bien arranger son affaire : les pourcentages encaissés lui permettront de créer cinq ans plus tard la FAVIC S.A.

En lisant le cahier, il y a pensé, Bertier. Non

pas à ce triomphe, ni à la FAVIC S.A., mais à Madame numéro deux. Tout autant qu'à Marcel. Tout autant qu'à Geneviève.

Son épouse, il l'a trompée très vite, certes, mais – cela n'empêche pas les sentiments ! – elle a tout de même été l'instrument de son Destin.

S'il l'a trompée, c'est qu'au lit Madame numéro deux s'est révélée difficile à convaincre. Au début son égoïsme a compensé. Puis Bertier en a souffert. Il a douté de lui. Les hommes, en général, n'aiment pas cela. Les acteurs encore moins. Alors il a recherché d'autres émotions...

Octobre 1961. Bertier va connaître le luxe d'un cinq-à-sept éblouissant. Entre deux films, entre deux plans, entre deux scènes. Et même, parfois, entre deux projecteurs !

– Quelle merveille !

Reconnaissance louable certes mais petit manque de mémoire de la part de Bertier.

La dame, mariée elle aussi, à un homosexuel notoire, possédait un tempérament de feu et le goût de confier – pour les revivre – ses petits exploits primesautiers.

Il existe à Paris de nombreux cénacles où ces échos divers sont recueillis.

« On papote, on papote. » « Il m'a dit, elle m'a dit. »

Radio-Cancan fonctionne.

Vingt-quatre heures sur vingt-quatre.

Le « cinq-à-sept éblouissant » est bavard.

Bertier n'est pas son seul favori.

Radio-Cancan va dévorer sa première proie : Fabrice Bertier.

Un jour... un second assistant, que les femmes n'intéressent que pour le potin, entend une conversation au téléphone...

– Mince alors... Ben ça! se dit-il à voix basse et le poing sur la hanche.

Au cours d'un tournage... la rencontre d'un bel acteur italien de passage... plus jeune et plus présent que son mari... à l'âge où une femme a besoin de savoir si... car Madame numéro deux n'a jamais beaucoup ressenti le... et s'est même souvent interrogée sur... etc.

– Elle... j'aurais jamais cru... ben... ma p'tite!

Madame numéro deux a vécu une très jolie histoire d'amour, un peu plus longue qu'une simple passade : le cinéma français tournait beaucoup en Italie dans les années 50.

Retour en arrière. On projette le ralenti.

« Ici Radio-Cancan. » « Il m'a dit, elle m'a dit. »

D'assistant en assistant, de jeunes artistes en antiquaires, d'antiquaires en coiffeurs-bouclettes..., etc., le bruit s'enfle et fait pouffer les cénacles des « chignons dans le dos ».

Madame numéro deux aurait dû savoir que rares sont ceux qui aiment le bonheur des autres. Certaines âmes bien-pensantes donnent facilement le nom de vice à une inquiétude, ou de dépravation à une faiblesse. L'une et l'autre explicables par un certain vide, une certaine peur. Celle de vieillir, entre autres, que chacun connaît. Avant de se résigner. Même les dames bavardes au tempérament de feu.

Radio-Cancan a dévoré sa seconde proie.

Et là, nous arrivons à Geneviève.

Geneviève, une figure. Un personnage. Un caractère.

Geneviève, professeur de lycée au début de sa vie.

Geneviève, qui a dirigé pendant sept ans un journal féminin.

Geneviève qui vit retirée à la campagne pour y écrire des livres d'histoire qui font autorité, mais qui connaît son Paris des arts et des lettres sur le bout du doigt.

Geneviève, éminence grise du monde politique, qui publie chaque mois un article, « La France racontée aux adultes », dans une revue spécialisée. Voici un extrait de son dernier éditorial :

« ... On remodèle sans cesse des habitudes et des mentalités qui sans cesse sont à remodeler. C'est le cœur de l'homme qu'il faudrait modifier. On ne peut pas demander aux lois et aux idéologies de décider de ce que l'on peut attendre de la conscience morale de chacun.

Animal crédule et naïf, l'homme vit à chaque génération sa révolte ou sa révolution.

Il y est sans cesse question du bonheur pour demain.

Ah, ça ira, ça ira, ça ira, ça ira.

Jamais ça va.

Facile de conjuguer le sort des hommes au futur.

Si la place de la Concorde pouvait parler...

Encouragé à cultiver la haine, l'homme, capable du meilleur et du pire, détruit. TOUT. Au nom de la révolte. Au nom de la liberté. Il détruit même, inutile mutilation, les statues que sa foi avait jadis élevées sous les portails des cathédrales. Certes, il détruit pour reconstruire. Mais que de morts au passage, que de sang et que de larmes...

Sublime imposture.

Elle porte parfois un très beau nom.

Elle s'appelle ESPÉRANCE... »

Voilà, c'est cela, Geneviève.

C'est cette Geneviève-là qui, un jour, va éblouir Fabrice Bertier.

Geneviève vit seule.

Geneviève a d'ailleurs eu un destin tragique. Embarquée dans les trains de la mort après la grande rafle du Vélodrome d'hiver en juillet 1942, elle a réussi par miracle à s'en sortir. Ses parents, eux, n'en reviendront pas. Ils meurent à Buchenwald. En 1945, Geneviève a dix-huit ans. Elle rencontre un jeune soldat. Dans l'atmosphère particulière de la guerre, ils se promettent l'un à l'autre « pour après ». Geneviève est enceinte de lui. Il est un des derniers tués des combats de 1945 en Allemagne avec la 2e D.B. Il ne connaîtra pas son enfant. Geneviève lui reste fidèle. Elle ne se remariera jamais.

Geneviève ne vit que pour son travail. Un peu comme la dame architecte du cahier. Son unique distraction, les dîners en ville. Comme c'est curieux. Sa seule faiblesse, le potin. Comme c'est étrange. Elle est donc auditrice fidèle de Radio-Cancan.

On peut être un cerveau et avoir son talon d'Achille...

Elle va donc tout apprendre un jour des folies de celle que l'on n'appelle plus maintenant que « la Bertier », et sur les infortunes passées du susdit.

Ces révélations, qui devraient la laisser de marbre, provoquent en elle, pour ce célèbre acteur inconnu-connu, un intérêt bizarre. Une curiosité attendrie. O mystère du cœur humain !

Réduit aux cancans et aux ragots, le monde est petit, très petit.

De cette petitesse, les dieux (malins) font naître une rencontre. Celle de l'intelligence et de l'instinct. De la rigueur et de la légèreté. Chacun exerçant sur l'autre sa séduction.

Rencontre exaltante. Rencontre singulière.

Elle allait d'un grand souffle balayer tous les miasmes et les emporter vers des hauteurs où l'on ne rencontre pas grand monde.

ANNECY. Son lac, ses montagnes, sa vieille ville, ses fleurs, ses ombrages ! Les dieux, hilares ! se permettent de vous présenter :

Un beau dimanche d'été.

En tête de distribution :

Geneviève, qui occupe la villa de sa sœur Gisèle, sur la rive opposée. Avec ses deux nièces, filles de Gisèle. Sur la rive sud du lac, **Fabrice Bertier**. Il est en fin de tournage entre Grenoble et Aix-les-Bains pour les extérieurs d'un film.

En participation (involontaire) :

Madame numéro deux. Elle a décidé de rejoindre son époux pour se changer les idées.

Drôle d'idée.

Ce dimanche-là, tous deux, en quête d'une bonne table, décident d'aller faire un tour.

Où ?

A Annecy.

Ils se retrouvent...

Où ?

Dans un des meilleurs restaurants de la ville.

Ils retrouvent... qui ?

Geneviève, qui a invité sa famille.

Prêts pour la rencontre romanesque ? Allons-y.

L'heure ? L'après-déjeuner.

Le décor ? Le lac.

Les accessoires ? Une barque, deux rames, un vieux journal et un mouchoir.

Les personnages ? Geneviève. Bertier. Seuls.

Pourquoi seuls ? Parce que sa sœur Gisèle et sa marmaille sont occupées par un Monopoly.

Madame numéro deux a une peur panique de l'eau. Elle fera un petit tour de la vieille ville.

– Rendez-vous au bar vers six heures ?...

– D'accord.

Et enfin, soyons francs... Geneviève a tout fait pour être seule avec Bertier.

SILENCE ! On tourne.

Metteur en scène : le Destin.

La scène à tourner : une promenade en barque.

Le clap : extérieur jour. 16 heures.

1966. Première ! MOTEUR ! ACTION !

On rame... On respire... On admire... On se regarde. Mais... mais... mais...

GENEVIÈVE
Ah ! mon Dieu ! La barque prend l'eau !

BERTIER (tel Zorro)
J'arrive !!!

GENEVIÈVE
Comment ???

BERTIER (toujours tel Zorro)
Comme cela...

Il s'élance. La barque balance.

Geneviève prend peur. Bertier la prend dans ses bras. Elle en éprouve la force. Il en éprouve le charme. L'équilibre se rétablit.

COUPEZ ! C'est bon. Fin de la première séquence.

1966 *bis.* MOTEUR ! ACTION ! Deuxième séquence.

Bertier colmate la brèche d'un mouchoir fougueux et d'un vieux journal opportunément trouvé dans la barque. Il reprend les rames. Geneviève reprend ses esprits. Il souque ferme sur les avirons. Hardi petit gars ! Good bye farewell !

Geneviève écope de ses mains gracieusement jointes. Comme Mélisande.

Quitte pour la peur. Zorro-Bertier ramène à la rive Geneviève-Mélisande. Sauvée!

COUPEZ! Parfait!...

Fin de la deuxième séquence.

Le tournage a laissé des traces. Même chez les professionnels... ça arrive!

Sous le léger corsage de Geneviève que l'eau a rendu malignement transparent, Bertier a cru déceler une gorge exquise et sans aucun soutien. A quoi il a immédiatement porté, lui, un intérêt soutenu.

Réveil de la sexualité?

Geneviève, sur la rive, dans les bras de Bertier, un instant, s'est abandonnée...

Oh! un court instant. Le temps d'une vraie petite crise de nerfs suivie d'un retour au calme. D'un vrai regard navré de sa part à elle. D'un geste d'indulgence de sa part à lui. Avec fondu enchaîné sur baiser logique.

De baiser en corsage, de corsage en baiser, il ne faut pas davantage pour, dans le cœur des hommes, allumer un brasier...

Bertier a réussi son entrée. Geneviève n'a pas manqué la sienne.

Coup de foudre.

Plus rien ni personne n'existe désormais...

Bertier et Geneviève s'aiment.

Ils ne le savent pas encore.

Fin de la scène dite de « promenade en barque ».

Fin de la rencontre romanesque.

Ni lui, ni elle n'en mesurent encore l'importance.

COUPEZ.

La scène est bonne. Tout le monde est content. On se sépare...

Voire...

On se retrouve au bar.

Pas seulement...

Fatigué par le tournage, Bertier a envie de se reposer...

Où ?

– Pourquoi pas à Annecy ?

Aucun problème pour Madame numéro deux. Elle doit rentrer à Paris. On refait l'appartement de Bertier.

– Je serai plus au calme pour travailler, a-t-il dit à Madame numéro deux qui lui a apporté deux scénarios à lire.

– Oui... ça... sûrement.

Hypocrite Bertier ? Pas tellement. Les peintres n'ont pas fini. Madame numéro deux tient à surveiller les travaux.

L'hôtel est situé où ? Face au lac ! Face à la rive opposée. Face à la villa de sœur Gisèle.

Tous les jours, de sa chambre-terrasse dominant le lac, Bertier guette à la jumelle la ravissante maison où Geneviève vit avec sœur Gisèle, épouse d'un très riche industriel. Quand les volets du premier étage se ferment, c'est le signal. La sœur est partie promener sa marmaille avec la « nanny ».

Bertier se fait alors un devoir, ainsi qu'il l'a promis à son épouse, de pratiquer ses deux heures d'aviron sur le lac. Son docteur lui en a recommandé l'exercice pour lutter contre un embonpoint naissant et assouvir le trop-plein de vigueur qu'il a en lui. En réalité, Bertier prend sa voiture et cinq minutes plus tard il prend aussi Geneviève. Et sans l'aide d'aucune rame il assouvit son trop-plein de vigueur avec l'ardeur impétueuse du néophyte.

Romantique, non?

Il n'y a pas qu'à vingt ans que l'amour soit fougueux.

Geneviève la sage, Geneviève la sévère, robe stricte, lunettes sérieuses, cheveux tirés en arrière, Geneviève, la fidèle parmi les fidèles, va se métamorphoser soudain en femme amoureuse, passionnée, audacieuse, presque perverse, les cheveux au vent! Et le cœur aussi.

Merveilleuses vacances, merveilleux instants, merveilleux accord.

Et tout cela va durer deux ans. Deux ans d'harmonie, deux ans de bonheur, de folie.

Est-ce l'éveil d'un printemps tardif en juillet sur un lac aux eaux vertes? Geneviève peu à peu oublie sa promesse à un mort. Son vœu de fidélité.

Geneviève est vivante.

Geneviève rêve à des lendemains...

Geneviève, à trente-neuf ans, découvre l'amour pour la première fois.

Elle commence à lancer des ultimatums. C'est elle ou Madame numéro deux.

Ce n'est pas ainsi que Bertier avait entrevu l'avenir. Bertier aime Geneviève à sa manière à lui. Geneviève aime Bertier à sa manière à elle. Ce n'est pas du tout la même.

Métier oblige. Bertier est indépendant. Bertier a besoin d'être libre. Il est habitué aux succès faciles. Il n'a connu que les délices de la femme-objet (avec de nombreuses potiches). Il vit dans la sécurité de la femme-copain. Il est totalement démuni, désemparé par la femme-passion !

Penchant naturel ? Déformation professionnelle ?

Au collège où Geneviève a exercé jadis sa jeune autorité de professeur d'histoire sur des élèves hébétés face aux subtilités des Mérovingiens, des dynasties capétiennes ou de la succession des rois de France, on la surnommait « la dragonne ». Du nom de la lanière que l'on passe au poignet pour maintenir un sabre. C'est gentil. C'est pas faux. C'est symbolique !

Bertier, lui, a depuis longtemps terminé sa scolarité.

Accoutumé à de somptueuses parties de jambes en l'air, maintes fois renouvelées avec de nombreuses participantes, il s'est vite aperçu, après dix-huit mois de félicité, que Geneviève ne possède pas le même genre de vitalité. Geneviève n'est pas la femme d'une simple aventure.

Bien plus dominée par la tête que par les sens, elle ne peut se donner – tactique ou vérité ? – que dans les seuls instants de confiance et d'espoir qu'elle vit avec lui.

Ils se raréfient de plus en plus. Pour faire admettre ses retraits, Geneviève exerce souvent le fameux chantage « pas ce soir, je n'ai pas envie », « il est tard, je suis fatiguée » ou « je n'ai pas la tête à ça ». Or, pour Bertier, le droit au plaisir est un droit sacré. A sa dame, qui y oppose sa tête, qui, pas plus que l'intendance, lui dit-elle, ne veut suivre, Bertier répliquerait volontiers, avec une truculence innée enrichie de formules très employées chez les parachutistes ou sur les plateaux de cinéma :

– Je me fous de ta tête, je parle à...

Mais les oreilles finement ourlées de Geneviève ne sont pas préparées à de telles outrances. Son humour est peu ouvert à de telles répliques. Le propos gaillard, ce n'est pas son style. Elle ne le supporterait pas. L'exaspération monte.

Les atermoiements de Bertier ne feront qu'aggraver la déception de Geneviève. Et la déception va se transformer en fureur.

En amour, la colère n'a jamais persuadé personne.

Bertier hésite à s'engager davantage. Geneviève, brusquement, lui fait peur. Et pourtant, Bertier est plus amoureux qu'il n'y paraît. Il a découvert en Geneviève, quand elle se donne à lui, une pureté et des pudeurs qui le touchent. Il admire son intelligence. Il aime sa droiture. Il la respecte. Mal selon elle. Bien selon lui.

On parle volontiers des sortilèges de la femme-enfant et des conséquences de cette magie. Il existe aussi des hommes-enfants. La plupart deviennent acteurs ! Bertier est de ceux-là. Le spectacle de la souffrance, les déchirures de la passion... ce n'est pas pour lui ! Il n'aime que l'insouciance, et le bonheur des autres. Le sien étant d'y contribuer. Par vocation. Par profession.

– On s'aime ? On baise. C'est tout.

– On ne s'aime plus? On se quitte. C'est tout.

Pourquoi s'engueuler?

Philosophie simpliste, certes.

Mais que Bertier pratique depuis si longtemps déjà...

Pour expliquer sa valse-hésitation chronique et répondre aux humiliations de Geneviève (« Elle ou moi, choisis! »), Bertier va tenter de l'attendrir. Il pourrait lui parler des exigences de son métier : il va choisir un jour la pire des dialectiques. Parler de Madame numéro deux.

– Elle vieillit, tu comprends? Elle a besoin de moi...

Il irait même jusqu'à dire « c'est la mère de mes enfants ». Malheureusement, ils n'en ont jamais eu!

– Sans moi... je ne crois pas qu'elle pourrait vivre.

Et cela est vrai. Bertier le croit fermement.

– Ta femme est une ordure!

La réplique est partie très vite.

Geneviève ne travaille pas dans la demi-teinte.

Geneviève n'aime pas le flou.

Radio-Cancan va dévorer sa troisième proie.

Des explications suivent. Les faits sont anciens. Mais les renseignements sont neufs.

C'est elle-même qui s'est confiée à...

Le défilé du bataillon des « il m'a dit, elle m'a dit ».

La vie de Bertier est répandue, jetée à terre

comme le contenu d'une poubelle. Bertier est mis à nu. Découpé en lanières. Geneviève le renverse de toute la force de sa passion neuve.

Acteur célèbre et célébré, protégé, adulé, attaché, ligoté par le succès et le besoin de plaire, obsédé par le souci d'être aimé, Bertier se retrouve face à des réalités qu'il n'avait jamais entrevues.

Il est pris au piège de sa philosophie simpliste.

Il est pris au piège de son inconscience et de ses égoïsmes passés.

De son horreur de faire du mal.

Il est même pris au piège de sa logique. Les hommes vont à la chasse ? Pourquoi les femmes n'iraient-elles pas, elles aussi ?

Et puis... le temps a joué son rôle. Faut-il rouvrir les plaies ? Pour soigner quoi ? Au profit de qui ? Tout cela est si loin...

Haine et vengeance sont des sentiments trop grands pour lui, ou trop petits.

Seul compte pour lui son métier. Son métier surtout. Son métier d'abord.

Il ne peut pas accepter l'idée que son métier soit compromis, menacé par les accidents de sa vie privée.

Enrichi ? Oui. En danger ? Jamais.

Son métier lui a tant donné...

Il sent instinctivement que Geneviève et sa très forte personnalité l'en détournent. Que Geneviève l'enchaîne.

Il sent que tout craque et qu'il va tout perdre. Mais si cette rencontre n'est plus une fête...

Un jour, un de ses amis avocat lui a donné pourtant un excellent conseil.

– Dis-lui donc de temps en temps que tu ne peux plus supporter ta femme, que tu ne peux plus voir sa tête, que c'est une immonde salope. Tu verras qu'« on » sera content, qu'« on » te fichera la paix !

Bertier ne s'est pas résigné à suivre ce conseil.

– Il y a des jours où l'on choisit de ne pas être un salaud !

Il sent bien depuis quelque temps que la seule – la bonne – solution, c'est la rupture. Il sent qu'il y va tout droit. Il irait même jusqu'à la provoquer. Il le faut.

Hélas, il sent aussi à quel point il va en souffrir, cet imbécile...

Ah ! quand les êtres, les sentiments et la passion « s'emmêlent », rien n'est simple.

Le jour où Geneviève s'est abandonnée à cette explosion brutale et révélatrice des petites distractions de Madame numéro deux, dans le petit appartement calme et sagement ordonné que Geneviève possède sur le jardin du Luxembourg et qui abrite leurs secrets, ils ont connu ensemble, ce jour-là, un éblouissement inouï !

Leur désespoir les a rapprochés.

Geneviève lui jetait tous les faits à la tête. Bertier se sentait giflé par un ouragan de mots, de colère et de cris. Il lui avait alors pris le visage entre les mains et lui avait fermé la bouche. Pour ne plus entendre sa voix.

– Tais-toi, je t'en supplie.

Geneviève s'était tue, enfin, épuisée de colère,

de dégoût et de chagrin. Bertier l'avait prise dans ses bras. Sans trop savoir pourquoi. Geneviève s'y était abandonnée. Ils avaient désiré être seuls soudain. Sans ombres, sans nuages, sans fantômes. Bertier avait cherché fiévreusement son corps. Il l'avait bue à longs traits, de toute sa soif, absorbée de toute sa détresse. Et elle l'avait reçu comme jamais. Comme si tous les deux avaient voulu se purifier l'un par l'autre, se délivrer l'un par l'autre. Se libérer.

Comme s'ils avaient voulu s'exorciser l'un par l'autre de toutes les laideurs du monde.

Et cette nuit, après tant et tant d'années, en lisant le journal d'un inconnu qui ne lui était rien et dont, même, il désapprouvait l'impudeur, Bertier, prisonnier de ses songes et de sa solitude, a pleuré.

C'est bien une larme qui est tombée sur le cahier.

Et il n'a rien fait pour la retenir.

Geneviève était devenue si présente tout à coup... si présente...

Oui, je sais.

Bertier est un acteur. Le doute est permis. Un acteur, c'est narcissique. Un acteur, « ça » se regarde souffrir. Un acteur, « ça pleure à volonté ». L'acteur est le spectateur de ses propres émotions. Et il s'en sert dans la vie... à l'occasion. Comme il sait s'en servir dans un rôle.

Tout cela est vrai.

Mais quand Bertier s'est ému tout à l'heure au

souvenir de Geneviève, il était SEUL ! SANS PUBLIC.

Personne pour le regarder.

Personne pour l'admirer.

Personne pour partager son émotion.

Bertier ne jouait pas.

Bertier, vieux cheval de retour aux aventures multiples et habilement médiatisées, pleurait il y a un instant dans le silence épais de la nuit. Comme pleure un enfant.

Bertier, acteur célèbre, était à cette minute-là un homme comme les autres.

Un homme qui avait passionnément aimé Geneviève.

Mais d'excès en excès et de scène en scène, tournant à l'obsession, il avait fini par se voir si laid dans son regard à elle qu'un jour il n'avait plus accepté cette dégradation. Le mépris laisse des traces.

Geneviève et lui s'étaient séparés. Pour une bêtise. Une réflexion maladroite, inopportune. Mais ils étaient tous deux si écorchés, si blessés.

Au sortir d'une projection privée :

– Encore deux ou trois films comme cela... Fini Bertier ! Pfffuut ! !

Le réflexe professionnel avait aussitôt joué. Comme un signal. Comme une alarme. Un rien suffit pour que les acteurs craquent à ces instants-là.

Le film n'était pas bon. C'est vrai. Il l'avait constaté lui-même. Et déjà il en souffrait. Aucun acteur n'échappe à l'anxiété. Au doute. C'est si fragile le succès... si fragile...

– Et toi tu y es particulièrement mauvais! Tu devrais te méfier des conseils de ta femme!

Voilà! Le grand mot était lâché. C'était dit en riant avec un peu de méchanceté. Ce n'était pas plus grave que cela. C'était « comme d'habitude ».

Mais ce jour-là était un autre jour...

– Tu m'emmerdes avec ma femme!

Oui, ce jour-là, Bertier avait besoin de réconfort, d'amour, de confiance. Pas de sarcasme.

Il avait même besoin qu'on lui mente ce jour-là. Adroitement. Subtilement. Pour comprendre qu'il était dans l'erreur, mais qu'au prochain film il sortirait vainqueur de cette épreuve, de cette remise en question permanente qu'est un rôle nouveau. Il faut être « du bâtiment » pour connaître ce langage spécifique et savoir le parler juste.

Geneviève appartenait à un autre monde.

Peut-être était-elle de bonne foi en proférant cette sentence lapidaire? Mais en une phrase et quelques mots elle avait compromis l'équilibre de Bertier. Il avait eu peur. D'un seul coup. Désespérément. Pour son métier.

– Tu m'emmerdes! Tu comprends?

Ce petit échange se passait au coin d'une rue.

Geneviève était partie sans un mot.

Rideau!

C'est parfois rapide, une rupture.

Radio-Cancan venait de faire deux victimes.

De choix.

Bertier avait alors connu les heures nauséeuses où l'on attend près du téléphone.

Il avait attendu chez lui.

Il avait attendu au studio. Car il tournait beaucoup à cette époque-là.

Il avait attendu dans les hôtels. En extérieurs. A l'étranger. Pendant de longues, très longues semaines.

Geneviève n'avait jamais appelé.

Bertier avait connu aussi les heures stupides où l'on parcourt les mêmes trajets, où l'on se rend dans les mêmes lieux naguère fréquentés ensemble dans l'espoir de...

Il avait même fait le guet, une nuit, pendant une demi-heure, sous les fenêtres du petit appartement calme du Luxembourg où ils avaient été, au début, si heureux. Pour voir...

Il avait connu aussi les interrogations innocentes et perfides : « Comment va Geneviève? » Les silences volontairement discrets, les regards dérisoires...

Insupportable! Il avait pourtant, par orgueil, résisté. A travers toutes sortes de circonstances et d'obligations professionnelles.

Un jour, n'y tenant plus, il avait composé son numéro de téléphone.

– Allô!

La voix était neutre, un peu froide, lui avait-il semblé.

Il n'avait pas parlé. Quelques secondes s'étaient écoulées. Et soudain il avait entendu :

– C'est toi?

A qui s'adressait-elle? A un autre? A lui?

– C'est toi ?

Quelques secondes et on avait raccroché.

Bertier avait raccroché aussi, incapable de prononcer un mot. Bouleversé par le son de ce « C'est toi ? ».

Il y avait une telle tristesse dans la voix de Geneviève ce jour-là... Une telle tristesse...

Bertier était resté hébété pendant de longues minutes. Brusquement il s'était décidé. Il avait recomposé le numéro de Geneviève avec la volonté de lui parler. La sonnerie lui avait résonné dans la tête comme elle avait dû résonner dans l'appartement de Geneviève, longuement.

Il n'y avait plus personne.

Le temps avait passé plus rapidement qu'il ne l'avait pensé : Geneviève était partie.

Bertier avait jugé ce hasard comme une réponse.

Geneviève ce jour-là était partie pour Annecy rejoindre sa sœur.

C'étaient les vacances de Pentecôte.

Le lendemain, les journaux titraient :

« **TRAGÉDIE DE LA ROUTE.** Drame du brouillard. Sur la nationale 7. Parmi les victimes on relève les noms de... »

Bertier, en ouvrant la télévision, avait vu les images relatant l'horrible accident. L'une d'elles l'avait rendu fou. On y voyait une plaque d'immatriculation et très distinctement un numéro. C'était celui de la voiture de Geneviève. Cette voiture dans laquelle il avait si souvent voyagé avec elle, elle qui avait horreur de conduire.

Bertier ne reverrait plus jamais Geneviève.

Bertier n'a plus jamais été le même homme après ce drame. Jamais.

Comme si certains jours il se sentait responsable...

Comme si sa vie s'était arrêtée aussi.

Etrange profession que celle d'acteur...

Deux ans plus tard, mêlant sa peine immense – et vraie – à un scénario mélodramatique – et faux – qu'il tournait cette année-là, Fabrice Bertier s'était révélé bouleversant d'émotion rare et de pudeur contenue dans le film *Je t'ai toujours aimée.*

Son « premier grand rôle dramatique » à l'écran...

Nous sautons quinze ans.

Quinze années de succès et même de triomphes.

Quinze années d'activité glorieuse.

Quinze années d'aventures diverses.

Elles n'ont pas plus compté pour la rubrique du cœur que des autographes distribués d'un peu près avec un stylo bien à soi sur des parchemins particuliers...

Toujours le fameux problème de peau. Equation à deux inconnues.

La seizième année... vint une jeune femme jolie. Très jolie.

Petit rôle dans un film. Grande ambition dans la vie.

Deux années de « fiançailles » et Bertier s'est retrouvé coincé.

Elle est devenue Madame numéro trois il y a juste deux ans...

C'est une habitude chez Bertier. Il épouse aux environs de Noël! La continuité dans le changement!

Sous l'impulsion de la jeune nymphe, impulsion beaucoup plus nuancée et beaucoup plus subtile que jadis celle de Geneviève (une Geneviève que néanmoins Bertier n'a jamais oubliée), sous l'impulsion donc de la jeune nymphe, Madame numéro deux a pu faire valoir ses droits, non pas à la retraite, mais à... comment vous dire exactement? A l'autonomie. A son indépendance dans l'interdépendance, si l'on préfère. Ce qui signifie en termes clairs que, n'ayant pas pu faire autrement, sous l'influence persuasive de la jeune épousée... Bertier a fini par se séparer de Madame numéro deux.

Sans bruit. Sans cris. Sans honte. Sans procès.

Si la colère dépasse souvent son but, la jeunesse – ce miracle provisoire dont l'âge mûr permet de mieux mesurer l'efficacité – atteint parfois le sien.

Le Temps a joué son œuvre...

Mais Madame numéro deux existe toujours... rassurez-vous. Bertier, royal dans la séparation, s'est montré ferme sur les attendus.

La future parturiente lui a fait une concession d'importance. Il a droit, deux ou trois fois par semaine s'il le désire et quand son activité le lui permet, à sa petite récréation. Retrouver Madame numéro deux. Eh oui! Pas folle, la nymphe! Elle a su se montrer libérale. Au fait, où est le risque? Madame numéro deux est sur le point d'attraper ses soixante-quatorze ans...

Ensemble, Bertier et elle vivent les heures calmes des récréations. Ils bavardent de tout et de rien. Comme peuvent bavarder deux amis. Ils « décantent ». Elle est la seule avec laquelle

Bertier peut parler « métier »! Elle est de la baraque! Tout est devenu plus clair entre eux. Madame numéro deux a enfin compris et accepté Bertier (il était temps!), la jeune nymphe aussi. Du moins, c'est ainsi qu'il s'explique leur attitude nouvelle et commune. Car rien n'est allé aussi facilement que pourrait le laisser supposer ce bref résumé. Au début « il y a eu du tirage ». Bertier a menacé de renvoyer tout le monde. Chacune a pris peur! Maintenant il ne veut plus s'interroger à ce sujet.

– Ça n'est plus de mon âge!

Quand il en a assez des bavardages amicaux de Madame numéro deux, Bertier rentre chez lui. Tout simplement. Enfin... presque! Il lui arrive encore de faire un détour. Les vieilles habitudes...

DEUXIÈME PARTIE

Le 28 décembre. Dix heures du matin (environ).

Coup de téléphone.

Bertier dort encore. Il a eu une insomnie vers sept heures. Comme si le film s'était cassé en cours de projection. A huit heures tout était réparé : il s'est rendormi.

Ce coup de téléphone aurait pu à l'instant le réveiller. Heureusement, il n'en est rien. Bertier a coutume de s'enfoncer jusque dans la trompe d'Eustache des boules Quiès protectrices qui assurent à ses matins le silence nécessaire à ses sommeils d'acteur. La jeune nymphe, prévenue par Pauline-la-vieille-servante-au-grand-cœur, n'a donc pas insisté. Elle a chuchoté à l'appareil.

– Dites bien à Monsieur que je l'ai appelé ! Et que je l'attends avec impatience...

Elle sait bien que réveiller Bertier prématurément relève de la correctionnelle, tant le zombie se montre alors de fort méchante humeur. Elle a d'autant moins insisté qu'il fait un temps radieux à « Meugève... » et qu'elle ne veut pas perdre une minute de ski. Bientôt, le ski, fini !

Elle prépare depuis deux mois un bel enfant à Bertier. Un fils !

Car pour lui... pas de doute ! Ce sera un fils. Il l'attend avec fierté.

Et attendrissement.

Le 28 décembre. Midi vingt déjà !

Fabrice Bertier vient de se réveiller en sursaut ! Enfin !

Un peu lourd et confus.

Pas de petit déjeuner. Il va se contenter de prendre un café noir très fort servi par Pauline, la-vieille-servante-au... etc., etc. Sans sucre. A cause du régime. Pour tenter de faire surface.

Il passe pour un bain réparateur dans la salle du même nom. Il s'installe dans la baignoire.

Il pense.

Il pense un quart d'heure. Il pense deux quarts d'heure. Son bain refroidit.

Pense-t-il à sa solitude présente... qui l'ennuie ? A l'eau du bain ?

A ses cauchemars nocturnes ?

Pense-t-il à son deuxième souffle, à cette sensation que les jours raccourcissent ? Qu'il est toujours plus tard qu'on ne croit ? Pense-t-il à Geneviève ?

Pense-t-il que la mort le guette ? Comme elle guette tous les acteurs que le succès a fuis, avant la mort ? La mort définitive ?

Sous son apparente légèreté, Bertier cultive souvent cette idée.

Pense-t-il que la sérénité est endormeuse et qu'il faut attaquer? Attaquer toujours!

Le voilà à nouveau prisonnier de ses doutes et de ses angoisses.

Dieu que c'est ennuyeux de se savoir défini par les augures comme un sujet facilement atteint par le découragement! De se savoir conduit par le pessimisme, plongé avec allégresse, par des indifférents, dans les eaux profondes et glauques du Cancer, contrariées par le faible petit feu de la Lune en Poissons!

« La solitude est dangereuse pour vous, monsieur Bertier, lui ont souvent dit toutes les prêtresses de l'Avenir. Il vous faut rechercher inlassablement des partenaires toniques, gaies, dynamiques. »

D'un seul coup, Bertier expédie à toute vitesse la toilette, le rasage et le lavage de dents. Il s'habille à la hâte d'un vieux pantalon et d'un pull (Lacoste, bien entendu, selon de bons principes!) et... hop! le bureau! *Le Piège* (« Ou bien ils s'aiment ou bien... », etc.) attendra.

Le directeur-de-théâtre-ami aussi. Chacun sait que les directeurs de théâtre – amis ou non – sont capables de toutes les patiences. Ce qui ne signifie nullement qu'ils soient l'exemple de toutes les vertus.

Bertier réagit. Finie la gamberge!

Il a compris que rien de bon ne lui sortirait de l'esprit tant qu'il n'aurait pas achevé la lecture du cahier. Il a, en outre – et subitement –, l'impression de ne pas perdre tout à fait son temps.

En vérité Bertier est un gagneur.

Il ouvre le cahier.

Le long dialogue avec ses rêveries dans la salle de bains, la nuit agitée lui ont fait perdre le fil du récit. Il revient quelques pages en arrière. Il relit en diagonale quelques lignes sur le lit conjugal... histoire de se mettre dans le coup ! L'auteur du cahier décrit ce lit comme un signe de contrainte mais aussi comme un signe d'attachement. Comme le symbole du long parcours de la vie à deux. Cette description, qui ne passionne pas beaucoup Bertier, se termine par : « *Je l'avais quitté. Je n'en ai pas trouvé d'autre. Cela m'a manqué parfois.* »

– C'est stupide !

Bertier qui, lui, trouve des vertus libératoires au « chacun sa chambre » tourne les pages et enchaîne pour retrouver son fil un peu plus loin.

La petite île bretonne était notre univers.

Le pays où nous existions, seuls.

Le pays où je me sentais le droit d'exister. Avec elle.

Main dans la main, nous courions sur la plage.

Nous respirions l'odeur du varech aux heures claires et chaudes de cette fin d'été. Enfin... je courais. Car elle...

Je sautais, comme les enfants jouent à la marelle, les petits lacs que laisse la mer en se retirant. Elle, elle marchait de son pas chaloupé de canard volontaire et plus sage sur le sable mouillé des plages en grognant presque à chaque pas.

Elle marchait comme un canard hors de l'eau.

Ce n'était pas un effet du temps qui use et transforme tout, rendant le regard de chacun plus critique, parfois plus sévère. Non. Mais sur le sable, elle ne glissait plus, vive et légère, comme sur son quai de gare d'Amsterdam. Elle semblait plutôt se dandiner droite-gauche, droite-gauche, rigolote et arsouille en écartant ses doigts de pied comme les canards écartent leurs palmes sur une terre hostile.

– J'ai horreur de marcher sur le sable!

– Pourquoi? Tu reçois les ondes de la terre, les courants telluriques...

– Je m'écorche surtout les pieds!

– Garde tes sandales.

– Elles vont être fichues!

Telle la princesse d'Andersen éprouvant sur son dos l'implacable dureté d'un petit pois posé sous des matelas épais, elle ne pouvait admettre ni supporter le moindre grain de sable lui déchirant la fine peau d'un pied qu'elle avait petit.

Un chat sur une plage et sur le sable humide, ce n'est jamais à l'aise.

– Ce n'est pas le sable qui me fait mal. Ce sont les débris de coquillages.

C'est vrai, il y avait des débris de coquillages! Oh! de petits débris. A peine plus gros qu'un grain de sable. Sur une plage, était-ce à ce point anormal?

Je la portais alors sur mon dos. Et, de fou rire en fou rire, nous continuions la promenade...

Oui, nous avions quinze ans. Et cette fois... à nous deux.

Nous habitions, loin du village, la maison qu'un de mes amis, notaire à Rennes, m'avait prêtée. C'était une petite maison basse, sans étage, sans électricité, enfouie dans une petite crique, à l'abri des vents et des regards du monde. Un petit jardin, où poussaient le thym, la menthe, le fenouil, les fleurs sauvages, la parfumait de ses odeurs. La mer clapotait à quelques dizaines de mètres de nous. Les ciels nous éclairaient. Nous appartenions au soleil...

Nous vivions comme des Robinsons naufragés dans quelque île lointaine, au rythme de son ombre et de sa lumière, isolés et sereins.

La maison la plus proche était de l'autre côté de la crique.

Que l'on ne prenne pas ce souvenir comme la réaction sénile d'un vieillard lubrique, mais je garde toujours aussi vivante et comme un émerveillement toujours aussi radieux l'image de son corps nu offert au soleil comme pour quelque sacrifice ou quelque cérémonial païen.

Pour nous qui sortions de la nuit, quelle victoire que cette audace!

Je m'approchais alors d'elle. Dormait-elle? Pas toujours...

Elle s'ouvrait à mon regard, à mon désir, en pleine lumière, en pleine ardeur, en plein soleil, les yeux clos et le visage confiant. Telles les branches légères des tamaris s'agitant dans le vent, nos mains s'unissaient, se frôlaient, se caressaient, se détachaient, animées par le soleil complice pour provoquer et guider le désir de l'autre.

Nous avions tant espéré, tant attendu cet accord. Nous goûtions le temps de prolonger des instants infiniment doux, infiniment forts, le temps de suspendre, ivres d'impatience, une exigence ultime pour crier enfin, échappant à toute retenue, à tout obstacle et à toute volonté, notre délivrance et notre liberté au soleil, à la mer et au vent...

Si l'on me demande comment nous passions nos journées, je sens que je suis incapable de répondre avec précision et d'en donner le détail. Nous vivions, c'est tout. Des journées parfois de bêtises exquises, où les rires et l'humour avaient leur part. Nous vivions comme tous les amoureux du monde, sans regarder passer le temps.

En dehors des rires, de l'eau fraîche et de l'amour, pour toute nourriture, nous pêchions.

Et en cas de grande difficulté, nous complétions une maigre récolte en achevant la pêche chez un poissonnier snob, nœud papillon, langage et gestes délicats, comme il en existe parfois, même dans les petits ports bretons.

– Pas celui-là! C'est pour les touristes, messieurs-dames, nous signalait-il d'un regard attentif et complice.

Et sa lippe dédaigneuse indiquait en quelle mésestime il les tenait. On peut être poissonnier artiste et psychologue : il avait donc compris que nous n'étions pas d'ordinaires « estivants ».

Et il nous sortait alors, avec une royale élégance, daurades ou sardines, truites de mer ou rougets.

– La pêche des petits bateaux!

Pour ne pas ruiner son fonds en négligeant

trop visiblement les Béotiens, autres pratiques de sa clientèle, rare en cette fin d'été, il ajoutait :

– Vous avez bien fait de commander hier. Je suis tout dépouillé !

Et dans un sourire aussi délicat que son nœud papillon, il concluait d'un superbe alexandrin :

– S'il vous était besoin, je suis ouvert demain !

C'est ainsi que je devins un cuisinier d'élite, entre le four et la poêle, le court-bouillon et la papillote, pour apprêter toutes les variétés de poissons qu'offre la mer. Je les grillais aussi ! Je retrouvais un temps mon âme scoute. Je creusais des petits trous dans le sable, j'y plaçais du bois sec et des brindilles de fenouil qui poussaient dans le jardin. Et après cuisson j'attendais son verdict.

Elle m'a fait la grâce d'accueillir de toute sa gourmandise féline mes petites préparations. Quel chat résisterait à l'attrait du poisson ?

Nous marchions un jour, elle et moi, sur la plage, bras dessus, bras dessous, dans le souffle du vent. Et, glissant sur le varech, faisant claquer les algues, nous respirions ensemble avec une joie enfantine les odeurs de la mer à travers les embruns. Le vent était rude. Nous jouions à entremêler et contrarier nos pas au rythme des rafales. Cela nous permettait des rires et des arrêts que nous concluions d'un baiser comme un pacte hypocrite précédant d'autres jeux. Et nous repartions alors, plus libres et tout aussi unis, la main de l'un dans la main de l'autre, en allongeant nos deux bras pour franchir les obstacles, les monts et les châteaux que, sur le sable des plages, des enfants, derniers architectes de l'été, avaient dressés comme pour mieux affirmer leur richesse provisoire de propriétaires éphémères.

Elle s'attendrissait toujours devant ces petites constructions rivales que le flux emportait. Les bâtisseurs d'espoir avaient un instant délaissé leurs chefs-d'œuvre le temps d'un repas dans des lieux souvent plus modestes que leurs châteaux de rêve.

La mer, exerçant ses ravages, égalisait les chances!

Nous nous étions arrêtés devant une petite ville miniature abandonnée par son créateur, merveille fugitive que la mer attaquait déjà.

– Quand j'étais petite fille, me dit-elle, j'en construisais de semblables avec les garçons. Ça doit être ça, la vocation. J'aime tellement mon métier.

– Comme un choix persistant?

– Oui... sûrement.

– Si je n'avais pas eu trente ans de plus que toi... j'aurais bien aimé jouer avec toi... quand tu étais petite fille.

– Tu te rattrapes maintenant...

– Comment l'entends-tu?

– Comme ça...

– Malheureusement, dis-je, je n'ai plus l'âge des jeux!

– Comment l'entends-tu?

– Comme toi!

Nous fîmes quelques pas pour prolonger le silence.

– Quel architecte j'aurais pu être si on ne m'avait pas brimé!

– Brimé? Toi? me dit-elle.

– Oui. Tu vois ce château fort? Avec son pont-levis, son donjon et ses tours crénelées? Eh bien, c'est en défendant une de ces splendeurs seigneuriales contre l'ardeur des flots que j'ai reçu de mon père une des plus belles gifles de mon enfance! Et Dieu sait qu'il n'en était pas avare! Cela a sûrement contrarié pour toujours ma vocation.

– Allons bon! Ton père te battait?

– Oui. J'appartiens, grâce au Ciel, à la génération du martinet, de la claque et du patriarcat...

– Pourquoi « grâce au Ciel »?

– Parce que, avec le temps, j'en saisis mieux les vertus!

Elle me regarda avec inquiétude.

– Je n'en garde aucune trace. Rassure-toi.

– Pourquoi ton père t'avait-il giflé?

– Il avait eu tellement peur.

– Peur?

– Oui. De me retrouver noyé!

– Noyé?

– Oui! Un « vieux » de dix-douze ans – j'en avais six – m'avait promis une glace pistache et dix centimes si je protégeais son château contre les attaques sournoises de la marée montante!

– Dix centimes?

– Avant 1900... c'était déjà quelque chose. On vivait sous le régime du franc-or!

– Ah! pardon. J'oubliais que tu étais si âgé.

– N'est-ce pas? Alléché, j'ai accepté le marché. Le « vieux », petit garçon de douze ans, est alors tranquillement rentré chez lui avec son père, pas au courant de notre tractation, pour le repas de midi. Et moi, j'ai commencé ma surveillance... tandis que mon père me cherchait partout pour le même repas dans l'immense étendue de la plage. Un petit garçon de cinq-six ans sur dix kilomètres de sable entre les dunes, cela ne se repère pas facilement. Même sur une plage désertée à cette heure-là. Après une bonne demi-heure de vaines recherches, mon père avait senti monter en lui une angoisse aussi forte que le flux!

– Quelle horreur!

– J'avais déjà les genoux dans l'eau. Mais avec l'inconscience de mes six ans, et une certaine compétence, j'opposais tous les barrages possibles aux vagues déferlantes. Habilement je creusais des trous. C'est alors que j'ai entendu dans mon dos : « Qu'est-ce que tu fais là? » Et le ton n'était pas amène.

– Ben... je garde le château...

» C'était vrai. Malheureusement, je n'ai pas le pouvoir de faire croire à des vérités simples. J'ai reçu une claque épouvantable avec pour tout commentaire :

– Tiens! Ça t'apprendra à te foutre du monde!

» Je crois bien que depuis ce temps-là j'envie tous ceux dont le visage sombre et tourmenté permet de faire croire à des drames intimes et

au pathétique de leurs passions. Hélas, moi, d'après tous les témoignages familiaux, et depuis ma plus petite enfance, j'ai toujours eu dans l'œil une certaine ironie, un " air ficelle " comme on disait alors, qui a attendri les uns et la plupart du temps horripilé les autres. Ce jour-là, c'est la seconde tendance qui s'était manifestée chez mon père.

– Pauvre petit bonhomme.

– Ben oui... J'aurais bien voulu m'expliquer davantage... mais j'ai vu dans l'œil bleu, pur et clair de mon père, que cela n'aurait pas servi à grand-chose alors...

– Tu t'es mis à pleurer...

– ... C'était évidemment la seule solution. Mais je peux te jurer que mes larmes étaient pleinement justifiées.

– A cause de ta vocation contrariée?

– Non! A cause de la puissance de la claque. Aussi forte que la marée montante. Pauvre papa... Quelle peur il avait eue! Pour lui, la gifle, c'était le moyen de se rassurer et de se prouver que j'étais bien vivant. Et il tenait surtout à m'enlever l'envie de recommencer mon exploit.

– Les gifles, c'est souvent une preuve d'amour... me dit-elle.

– ... En es-tu bien sûre?

– Oui... j'en suis bien sûre...

Elle me regardait avec une certaine ambiguïté. Je n'ai pas voulu commenter. J'ai préféré ne pas sortir des charmes protecteurs de l'enfance.

– Alors papa m'aimait sûrement beaucoup.

– N'en doute pas, dit-elle, toujours aussi ambiguë.
– Heureusement ma mère est arrivée... C'est elle qui m'a consolé.
– Et tu as tout de même eu droit à ta glace pistache?
– Oui. Celle que mon père m'a achetée!
– Ah! tu vois...
– Mais j'ai perdu mes dix centimes « or »!... Je ne m'en suis jamais consolé.
– Je suis sûre que dans le fameux œil bleu, pur et clair de ton père... il y avait quelques minutes plus tard tous les pardons? me dit-elle en riant.
– Honnêtement, je ne me rappelle que la gifle.
– Ingrat! Et la glace pistache?

Nous avons continué la promenade bras dessus, bras dessous, en parlant de l'enfance, en évoquant nos pères, nos mères. Nous avons continué la promenade en sautant à cloche-pied entre les petits lacs et les petits ruisseaux que la mer semblaït avoir laissés là pour nos jeux.

Nous avons continué la promenade dans le jour radieux de cette fin d'été, les pas mêlés et accordés, les bras passés autour de nos tailles, nous parlant de nous-mêmes.

Nous avons continué la promenade aussi... pour mériter par une longue marche salutaire le repas recherché que nous projetions de faire. Il nous semblait ainsi que nous nous absolvions à l'avance des coupables délices de la gourmandise. Car ce jour-là nous avions décidé d'aller dîner dans le restaurant de l'île.

C'est peu romanesque et peu poétique d'écrire cela. Mais la vie amoureuse n'est pas faite, à chaque seconde et à chaque page, des seuls instants splendides de l'amour au soleil... et des promenades à petits pas le long des rivages. Les petits faits idiots ont droit aussi à leur part de mémoire face aux instants héroïques de la passion. Et nous avions pour excuse la guerre encore très proche...

Ce soir-là nous étions donc face à face dans le seul petit restaurant de l'île. Murs de pierre et poutres de bois, il n'était éclairé que par de grosses bougies fichées dans des bougeoirs de cuivre. La lumière était douce. Un feu pétillait dans l'immense cheminée, animant nos visages. Ce restaurant n'avait rien de particulier sinon que nous y étions seuls et qu'il est devenu tout de suite « notre restaurant ». Comme celui d'Amsterdam était à jamais devenu le nôtre également. Comme une chanson, un lieu ou un mot gardent à jamais une place dans les replis secrets de la mémoire.

– Qu'est-ce que tu choisis?

– J'ai envie de cela. Mais... j'aimerais bien goûter à cela...

– Moi aussi.

Le patron vint nous avertir que de toute façon il n'y avait plus qu'une seule part des plats qui nous tentaient.

– Alors?

Alors? Nous avons tout partagé. De l'un et l'autre plats.

Ce n'était pas une concession mutuelle comme l'implique la lecture du Code civil à l'égard des époux, c'était plus simplement une volonté commune de combler la gourmandise de l'autre. C'était rester soi-même tout en étant l'autre.

– Est-ce que c'est une manière d'« appartenir »? lui ai-je demandé.

– Mais bien sûr! me répondit-elle. Sinon tu semblerais être indifférent à ce que j'aime... J'aime que tu aimes ce que j'aime... Comme j'aime aimer ce que tu aimes... ajouta-t-elle.

Complice, le restaurateur entretint cette connivence toute la soirée en nous apportant, divisée en deux assiettes, la suite du repas. Tout ce que l'un avait choisi pour l'autre ayant choisi pour lui.

Et désormais ce fut un rituel sacré. Tous les repas que nous prîmes ensemble dans les restaurants furent ordonnés de la même manière.

Ce sont des souvenirs, certes, futiles en regard des malheurs du monde. Mais les amoureux y sont seuls – dit-on – et dans leurs échanges ils ne se chargent ni de le juger, ni de le refaire. Et si se multipliait à l'infini le bonheur égoïste de deux êtres touchés par « le petit diable à flèche qui égaie le cœur », le monde se porterait-il plus mal?

C'est le monde entier qu'on aime à travers celle ou celui qu'on aime...

Dans le regard de l'autre on a tellement le sentiment que le monde est beau.

C'était notre cas.

On peut trouver dans les regards heureux qui accompagnent les « ripailles » des raisons d'aimer !

J'ignore d'ailleurs si c'est la durée plus longue de nos dîners ou la saveur plus variée des mets. Mais je me demande si elle ne s'attendrissait pas bien davantage à la promesse ou au souvenir de nos agapes plutôt qu'à celui de nos tendres rapprochements.

C'est une question que je ne lui ai pas posée, craignant peut-être la réponse.

Certes, elle aimait l'amour, mais Dieu qu'elle aimait la table !

Elle arborait à l'arrivée d'un plat un tel sourire... elle se laissait aller à un tel ronron dès la première bouchée si le plat était bon... Je voyais sur son visage une telle béatitude... celle des petites filles modèles qui se frottent le ventre en rond du plat de la main à la simple vision des confitures de fraises, avant ou après avoir avalé leur goûter !

Je lui voyais le visage inoubliable, ange ou diable, yeux mi-clos, bouche entrouverte, et ce certain sourire de confiance retrouvée que je lui avais vu le premier jour doré de septembre, quand nous étions devenus « nous » dans la petite île bretonne.

J'ai honte de m'être ainsi éloigné des rives de Cythère...

*
**

Dring! Coup de téléphone. Le répondeur automatique est mis. Allô! Bonjour... vous êtes bien au 47...

Bertier écoute.

Belle invention que le répondeur automatique! Cela permet de filtrer les communications et d'éviter les « chronophages »! Bertier ne répond que s'il le veut, à qui il le veut.

– C'est Marcel... Je voudrais sav...

Bertier a décroché.

– Oui, mon Marcel! Je suis là. Comment vas-tu?

– Bien! Alors? Tu as lu?

– Je lis... je n'ai pas fini...

– Alors? Ta première impression?

– C'est intéressant... il y a un personnage...

– Il y a **deux** personnages!

– Oui...

– Où en es-tu?

– L'auberge... la petite île...

– Tu n'as pas l'air très emballé...

– Si... si... si...

– Oh! non, non, non! Je te connais bien...

– Je m'interroge...

– Si tu crois que ça m'étonne...

– Je me demande si je ne suis pas un peu jeune... dit Bertier en riant.

– Peut-être... mais pas gravement, répond Marcel.

– Tu crois que cette histoire peut intéresser un public?

– Ça, mon coco, si on connaissait les recettes du succès... on serait tous milliardaires! Il n'y a que les critiques pour écrire qu'on les connaît...

– ... C'est pas facile à adapter...

– Ecoute, Fabrice! Ne chipote pas! Je crois, moi, que tu es mûr pour le personnage. Le coup de foudre à la soixantaine, c'est un sujet qui n'a jamais été traité!

– Tu ne trouves pas que c'est un immense naïf ce gars-là?...

– Justement si! Et alors?

– Ben... jouer à la marelle sur les plages de sable ou faire la dînette dans une auberge bretonne... ce n'est plus de mon âge.

– Les westerns, les aventuriers ou les flics... non plus!

Il a raison, Marcel. Bertier le sait.

– ... J'ai peur que le public ne me suive pas dans un tel changement d'emploi.

Un temps.

– Fabrice... Il ne te suit plus dans le western non plus...

La réplique est partie très vite. Marcel s'en inquiète aussitôt :

– Je te demande pardon.

– Je sais... je sais... ne t'excuse pas, va... Je sais.

– Alors?

– Oh!... je suis en pleine brume... Il y a des instants où je sens le rôle et d'autres... où j'ai envie de m'arrêter... de tout laisser tomber...

– En pleine gloire?

– Eh oui !... Heureux les morts en pleine gloire... car d'eux la Légende s'empare...

– Ecoute, connard, ça c'est ton problème ! Un vrai problème d'ailleurs... mais...

– J'y pense, tu sais...

– Je te comprends. Mais lis jusqu'au bout. Tu vas avoir une surprise à la fin. Ne t'y précipite pas... je t'en supplie... Ce n'est pas ce que tu crois... mais lis jusqu'au bout... et on en reparlera. Je suis sûr qu'il y a quelque chose là-dedans. *Ciao !*

– Salut !

– Ho !

– Quoi ?

– Regarde tes mains... Ce sont les mains qui trahissent l'âge. Tu as des mains de bébé...

Bertier jette un coup d'œil rapide sur ses mains... Ce n'est pas évident ce que dit Marcel.

– Tu crois ?

– Je crois, oui !... Si tu as envie de m'appeler... appelle-moi. Je suis à la maison toute la journée... n'hésite pas... Je t'embrasse.

– Moi aussi.

Merveilleux Marcel ! Bertier replonge dans le cahier.

***

C'est parfois plein d'inquiétude et d'interrogations, les regards des gens qui s'aiment.

C'est parfois plein de complicité aussi quand il le faut...

La maison basse de l'île, enfouie dans les

arbres, nous protégeait de tout et de tous, je l'ai dit. Mais, hélas, un soir nous dûmes céder à une invitation dite mondaine. Celle de mon ami notaire, qui nous prêtait cette exquise retraite. Il possédait, lui, à l'autre bout de l'île, une vieille demeure familiale avec jardin à l'anglaise et vue somptueuse sur la mer. Pierres, fleurs et toit de chaume, tout y était à la fois conventionnel et charmant. Nous ne pouvions nous dérober, ni à la gentillesse de l'hôte, ni à la curiosité de l'assemblée qu'il avait réunie. Par grâce il y avait un excellent buffet. Il y avait aussi les bavardages. Bien que dans ces sortes de soirées, où chacun boit et mange, personne n'écoute personne. Nous étions horriblement ennuyés d'être séparés par les invités. La conversation sonore d'un amateur de pêche au gros nous permit de nous réunir. Je ne suis toujours pas érudit sur la pêche au gros. Mais je suis très instruit sur la force des regards.

Entre deux sandwiches et une coupe de champagne, j'avais réussi à m'approcher d'elle.

Ses yeux m'interrogèrent aussitôt.

– Ça t'intéresse, toi, de savoir comment on pêche le saumon en Norvège?

– Non. Mais je trouve très bon celui-là...

– Certes. Mais je me moque du temps qu'il faut pour le sortir de l'eau!

– Et moi, de l'importance de l'hameçon.

– Quant à la saumure, alors là...

Elle n'ajoutait pas « je m'en bats l'œil! » car même alors sa prunelle restait distinguée, mais le sens y était d'un léger battement de cils.

– De toute façon je crève de faim... Ça évitera de faire les courses pour le dîner.

– Qu'est-ce qu'on fera alors?

– Devine! Est-ce que tu sais que ce soir je te trouve particulièrement ravissante?

– Oui?... Tu t'empiffres de façon indécente.

– Ils ne savent plus quoi en faire de leur buffet. On leur rend service. Je te dis que je te trouve ravissante! Tu pourrais me répondre!

– Tu n'es pas mal non plus... Mais ne mets pas ton doigt dans ta bouche.

– Où veux-tu que je le mette? J'ai une arête dans la gencive.

– Prends ton mouchoir. Dissimule! Je t'en supplie, me disait son regard attristé. Dissimule!

– J'ai oublié mon mouchoir. Et d'ailleurs, ça ne dissimulerait rien du tout.

Et tout cela était exprimé sans se dire un seul mot. Avec des sourires, des yeux tendres ou des regards sévères. Sans cesser de porter une attention croissante et passionnée aux propos du narrateur d'en face qui, maintenant, nous entretenait de ses exploits de pêcheur sous-marin, ancien plongeur de la Marine nationale qu'il était, et de sa lutte avec un barracuda en Méditerranée.

– Oh! trois quarts d'heure pour le sortir de l'eau!

Elle semblait éperdue d'admiration devant un tel mérite.

– Et à trois! Mon Dieu!

Et son regard de chat ajoutait pour moi seul :

– Je suis hypocrite, hein?

Tandis que je concluais finement, à propos du barracuda :

– Que vouliez-vous qu'il fît contre trois?

Je reçus d'elle un coup d'œil réprobateur au milieu des rires et des gloussements de l'assistance.

Pour me faire pardonner, je la questionnai :

– On s'en va?

C'est aussi plein de désir les regards des gens qui s'aiment.

– Pas encore... on aurait l'air d'être venus pour manger... Cela ne se fait pas!

– J'ai vraiment envie de partir. Je t'en supplie...

– Tu peux bien attendre encore deux minutes.

Dans son sourire, je puisais toutes les patiences.

– Et vous l'avez pêché à Gibraltar?

– Non! Aux Baléares!

– Ah! bon...

– Vous connaissez?

– Pas du tout.

Comme nous savions être deux au milieu des autres!

C'en était presque indécent.

Nous nous aimions assez pour pouvoir nous taire ensemble, au milieu des autres.

Quelques instants plus tard, après que nous eûmes encore capturé quelques poissons avec le conteur prolixe, après qu'elle eut fini de convaincre un autre groupe d'adorateurs des avantages de la construction moderne sur la remise en état des vieilles maisons, elle s'est retournée vers moi, et dans son regard amusé j'ai lu notre délivrance.

Je l'ai remerciée d'un sourire.

Nous sommes partis, accompagnés des chuchotements et des murmures confus qui prolongent le sillage de ceux dont on dit : « C'est un tel et une telle, vous savez... Ils sont très amoureux ! »

Le « très amoureux » est appuyé de quelques rires étouffés derrière les éventails, de quelques borborygmes à l'abri de la main. Et après quelques échanges où chacun raconte ce que chacun sait d'eux – c'est-à-dire rien –, la conversation emprunte d'autres sentiers.

Déjà nous étions loin de la maison... loin des murmures et des cancans. En quelques mètres, la soirée mondaine s'était transformée en rires fous pour nous seuls.

La nuit était là.

Dans la petite maison basse nous nous sommes retrouvés au milieu du silence, nous « appartenant » avec nos sourires, nos gestes, notre bonheur, nos mains unies, nos bras serrés.

Il n'y avait plus que nous, qu'Amour avait attendus sagement.

– Monsieur est servi.

Le visage consterné et fermé de Pauline, la-servante-au-grand-cœur, venait d'apparaître dans l'entrebâillement de la porte du bureau.

– J'ai frappé mais vous ne m'avez pas répondu. Je me demandais pourquoi. Je m'inquiétais. Il est une heure vingt-cinq, monsieur...

Bertier s'avisa, en effet, qu'il était déjà une heure vingt-cinq minutes de l'après-midi.

– Je pensais, Pauline, dit-il gravement.

– Hé... ben... répliqua Pauline.

Et son visage exprimait que ce travail-là ne devait pas beaucoup fatiguer Monsieur.

– Faudrait p't-être penser aussi à manger!

Tant il est bien vrai que l'« artiste » ne peut pas demander à ceux qui vivent à ses côtés de penser toujours aux mêmes choses que lui!

Car, à l'évidence, la pensée de Pauline ne s'accordait pas avec celle de « Monsieur ».

– J'arrive. J'arrive tout de suite. Je finis cette page! Pauline?

– Monsieur?

– Qu'est-ce que j'ai pour déjeuner?

Question cruciale.

– Un morceau de filet de bœuf et des haricots verts, monsieur.

Devant l'œil de Bertier, la-servante-au-grand-cœur jugea prudent de justifier son menu.

– Madame m'a bien recommandé de vous obliger à surveiller votre ligne.

Bertier reconnaissait bien là les attentions exquises de sa jeune épousée.

Quel homme n'a pas vu arriver ce triste jour où sa compagne – profitant du ramollissement qui tous nous atteint (nous, pas elles!) – lui distille les recommandations d'usage comme une sorte de check-list, avec une autorité souriante mais inflexible?

– T'as pris tes gouttes?

– Mets pas trop de sel!
– Tu bois trop de vin!
Le sourire est exquis, ou bien le ton sévère. Il y a du « mon chéri » dans l'air ou bien du « pauvre con ». Mais le « diktat » est là.
– C'est mauvais pour ton cœur!
– C'est pas bon pour ton foie!
– C'est pour toi que j'dis ça!
Comme si elle tenait vraiment à ne pas nous perdre. Pour pouvoir peut-être se venger enfin de nos turpitudes passées par un excès de prévenances.
Bertier n'appréciait pas plus que ses congénères ces sollicitudes éprouvantes. Ses menus-régime soigneusement réfléchis à l'avance allaient chaque jour constituer autant de rappels horripilants à l'ordre et à son âge. Dur, dur! Alors qu'il avait compté sur les vacances de Madame numéro trois pour pallier cet inconvénient et convier Madame numéro deux à toutes sortes de plaisirs gourmands dans de nouveaux bistrots de sa connaissance. Seul moyen de répondre aux facéties de sa nouvelle épouse...
Pour éviter tout reproche, Pauline préféra refermer la porte et se replier sur des positions elles aussi préparées à l'avance : en l'occurrence, sa cuisine. Mais avant d'y parvenir elle entendit à sa grande surprise :
– C'est parfait, Pauline.
Croyant avoir mal entendu, Pauline s'éclipsa illico. Fallait-il que Monsieur soit-pris-par-sa-lecture-pour-être-distrait-comme-ça!

– Pourquoi n'es-tu jamais d'accord avec toi-même ?

Je dînais chez mon frère ce soir-là.

C'était un soir de tristesse et de solitude.

Un de ces soirs nombreux où nous étions loin l'un de l'autre.

Elle et moi.

Un de ces soirs vides où elle était retenue en province sur un chantier.

Un de ces soirs absurdes où, pour ne pas provoquer son inquiétude et son irritation, je m'étais imposé de ne pas rejoindre ceux qui étaient encore « les miens ». Ils passaient, dans la maison de campagne, comme une obligation convenue, les « fêtes de fin d'année ». Je m'étais inventé une raison de rester à Paris.

Pour tromper cette solitude bête, je dînais chez mon frère. Mon frère qui me regardait en souriant.

Il était nettement plus jeune que moi. Mais, à ces heures-là, il m'apparaissait comme mon aîné de trente ans. Presque mon père.

Je l'aimais bien. Il était le seul être au monde à qui je pouvais parler d'elle. Ma sœur, elle, me jugeait mal depuis le début de ma rencontre avec celle qu'elle appelait – je le savais – la « diablesse ». Peut-être parce qu'elle était femme. Et que, comme beaucoup d'entre elles, elle n'avait aucune bienveillance pour ses congénères. Elle refusait de m'entendre, de m'écouter.

Mon jeune frère, divorcé, lui, depuis neuf ans, vivait seul. Il n'avait plus aucun contact avec sa femme, sinon par leur fils, Michel. Est-ce la raison pour laquelle je me sentais mieux compris et mieux accueilli par lui?

Il occupait à quarante-neuf ans une situation importante dans une grande compagnie pétrolière française, industrie alors en plein essor. Beau et intelligent – ce qui n'est jamais, quoi qu'on dise, un handicap –, il avait été toute sa vie très recherché par les femmes. Il les connaissait mieux que moi. C'est la raison pour laquelle je le sentais plus ouvert à mes problèmes, plus indulgent avec moi. Il aimait vivre seul. Il savait s'accommoder très bien de cette nouvelle existence.

– Hein? Pourquoi n'es-tu jamais de ton avis?

Que répondre à cette boutade?

– Je ne sais pas pourquoi tu me dis cela. J'ai toujours vu clairement ce que je voulais dans ma vie professionnelle. Il se trouve que... ce que je souhaite sentimentalement est plus compliqué. C'est tout.

– Plus compliqué?

– Plus compliqué à vivre, plus confus, plus insolite, mais je sais très bien ce que je voudrais. Je suis parfaitement « de mon avis »... contrairement à ce que tu crois. C'est de le faire partager qui s'avère difficile...

Il alluma une cigarette et devint soudain plus grave.

– Résumons-nous. Si je te comprends bien... ce que tu veux c'est vivre pour toi et vivre pour elle?

– Oui.

– Sans être près d'elle... tout en restant chez toi!

– C'est un peu cela.

– Pas facile.

– C'est elle qui ne veut pas de moi chez elle.

– ... Comme elle ne veut pas de toi... chez toi!

– ... Exact.

– Et vous voudriez vivre tout cela sans drame? Sans que personne souffre? C'est d'une belle ambition!

Présentée ainsi, la situation apparaissait évidemment absurde, sans issue.

– Je lui demande la liberté de rester moi-même. De respecter chacun. Rien d'autre.

– A quel prix?

– Me faire confiance.

– Vous voudriez connaître l'un et l'autre toutes les félicités du mariage, ajouta-t-il ironiquement, sans en subir les contraintes? Il faudrait alors que chacun de vous puisse faire preuve d'une tolérance... peu commune. Je

crains que ce ne soit pas la caractéristique essentielle de ta douce amie... Mon pauvre vieux... Tu ne crois pas qu'il faudrait que tu te réveilles? Et elle aussi?

– Peut-être qu'avec le temps...

– Le temps n'arrangera rien! Tu vieilliras, c'est tout. La décrépitude ne fera qu'ajouter à vos difficultés.

La phrase me claqua au visage comme un coup de fouet.

– Il y a en toute femme une épouse qui sommeille, méfie-toi. C'est un réflexe naturel. Même chez les plus indépendantes. Qu'est-ce qui se passerait alors?

Je n'ai rien répondu.

Nous nous regardions en silence.

Le réalisme opposé à la rêverie. La logique face au songe-creux.

– ... Il faudrait pouvoir n'être qu'amour.

La phrase m'échappa comme une réflexion à haute voix.

Il siffla entre ses dents.

– Pffuui!

– Dieu l'est, paraît-il...

– Aahh bon... alors, attends d'être Dieu! C'est tout simple. Question de patience! J'ai lu quelque part que les hommes le deviendront un jour par le miracle de la science. Comme un juste retour des choses puisqu'Il les a faits à Son image.

Il y eut encore entre nous un long moment de silence, très long, très lourd.

– Tu ne crois pas que tu en demandes trop? A tout le monde? Et à elle aussi?

Je savais bien qu'il avait raison. Je savais bien que je demandais l'impossible. A chacun. Moi y compris.

– Tu sais, au fond... je te plains. Tu ne t'en tireras jamais. Car je crains qu'elle ne finisse par se lasser d'attendre le miracle, ou de croire à ta transcendance.

– Quel miracle?

Il écrasa sa cigarette dans un cendrier tout proche.

– La rupture...

Le silence se prolongea entre nous, assez insupportable.

– Pourquoi ne pas croire au pouvoir du temps?

– Pas pour elle. Il ne faut pas faire confiance au temps. Il te piégera de plus en plus. Et tu le sais bien. Et tu as soixante ans. Pas elle.

– Et je n'ai pas le visage de la transcendance?

– En ce moment... non!

De nouveau le silence entre nous que nous aimions bien.

– Pourquoi me regardes-tu comme cela?

– Je te regarde vieillir... Je vais te faire un aveu : tu t'abîmes depuis quelque temps.

Nous nous sommes séparés une heure plus tard, aussi tristes l'un que l'autre. Il ne m'avait été d'aucun secours ce soir-là.

Je n'avais pas besoin d'être jugé. J'y suffisais.

J'avais besoin d'être approuvé. Sans réti-

cence. Sans condition. Presque bêtement, sans logique, sans raison.

Les hommes de raison m'ennuyaient.

Mon frère y compris.

Je savais bien que je n'acceptais pas le mal que je provoquais.

Je ne l'acceptais pour personne.

Je savais bien que nos sensibilités, à elle et à moi, différaient. Ce qu'elle appelait, elle, nos conceptions. Comme si les sentiments pouvaient être liés à des conceptions! Comme s'il existait une idéologie du cœur! Mais ne pouvais-je pas espérer qu'un jour, en chacun de nous, les sentiments seraient plus forts que les conceptions? Qu'elle prendrait conscience, elle aussi, que nous nous demandions l'impossible?

A défaut du temps, pourquoi ne pas accorder un peu de confiance aux êtres?

En rentrant seul chez moi ce soir-là, je suis tombé en arrêt devant mon image, que reflétait un miroir placé au-dessus d'une commode. Je me suis regardé impitoyablement. C'était vrai. J'étais vieux!

Mon frère avait raison : j'avais changé. Quelque chose en moi me disait que je me détruisais.

– Et puis je suis défiante... Je détruis.

C'était son aveu des premiers jours. Insidieusement il me revenait à l'esprit.

– Je détruis.

Et si nous nous détruisions l'un et l'autre?

Elle était jeune encore. Avais-je le droit de la retenir?

Je n'étais pas son avenir. L'avenir qu'elle se souhaitait en se projetant dans le temps. Elle avait besoin d'« appartenir », car elle aussi était vulnérable.

Appartenir? N'était-ce pas aussi être protégée?

Elle m'avait raconté que, jeune fille, elle se sentait toujours un peu effrayée par le regard des hommes.

Il lui arrivait alors de passer en boitant devant une terrasse de café afin que ces regards de désir devinssent des regards de pitié ou de compassion. Des regards pour elle!

Inquiétude ou vanité? Où était la blessure?

Et moi? Moi qui, pour dissimuler une timidité presque maladive, allumais une cigarette en entrant dans les restaurants!

Moi qui n'avais de cesse devant elle que de me donner une attitude désinvolte! Moi aussi j'étais vulnérable.

Et pourtant...

Il me semblait qu'une force nouvelle était née de notre rencontre. Une force nouvelle qui enrichissait chacun de nous.

Restaient les faiblesses.

Restaient les exigences de chacun envers soi-même.

Restaient les caractères profonds.

– Je cherche mon double! m'avait-elle dit un jour.

Narcissisme? Orgueil? N'était-ce pas plutôt

la preuve d'une peur? Peur des affrontements. Peur du combat. Peur de voir des convictions profondes atteintes, bousculées par les autres. Refus des contradictions. Besoin inavoué d'approbations inconditionnelles, comme pasteurisées. Besoin de se protéger, besoin de ne pas perdre de temps, de ne pas perdre d'énergie ou de sérénité en d'éprouvantes discussions, d'autant plus inutiles qu'elles étaient provoquées par des êtres totalement différents d'elle.

Son double, je ne l'étais pas. J'étais moi. C'est tout.

Et pourtant je me sentais parfois si proche d'elle.

Il arrive toujours un instant où, dans n'importe quelle circonstance, le masque tombe. Sans l'avoir vraiment cherché un homme se trouve seul, face à lui-même. Comme devant un miroir.

Je vivais cet instant-là ce soir-là, après ce dîner chez mon frère.

Il est plus difficile de se mentir à soi-même que de mentir aux autres. Surtout si l'on n'est pas doué pour la mythomanie. Laquelle n'est peut-être au fond qu'une réaction instinctive contre une vérité trop cruelle et inacceptable. Une vérité qu'on n'accepte pas parce qu'elle est destructrice... Je n'avais pas ce don.

– Est-ce que je l'aime?

Et comme si l'image du miroir m'avait entendu poser cette question, je m'entendis répondre : « Si aimer c'est avoir le besoin de protéger, de guider, de défendre, de partager et de chercher ensemble, le besoin de rire et de parler de tout, à deux; si c'est sourire ensemble des défauts de l'autre, si c'est être " un en deux ", si c'est avoir le goût d'un corps, ressentir le trouble d'une image ou d'un geste, je crois qu'on peut se dire sans crainte de se mentir : j'aime. »

Mais je savais aussi qu'un autre être existait entre nous. Je savais bien qu'une tendresse subsistait en moi. Je savais bien qu'indifférent à un corps, je gardais le goût de défendre et de protéger quelqu'un d'autre.

C'était inacceptable pour elle.

Une image surgissait trop souvent entre nous.

Nous devenions alors silence et colère. Nous vivions une tragédie où tout est logique parce que chacun a raison.

– Aimer, c'est donner sa vie, me disait mon image.

Je crois – j'écris « je crois » car il est trop commode de faire parler l'hypothétique – je crois que j'aurais pu donner ma vie pour elle.

Mais pas celle d'une autre.

Et c'est cette volonté en moi de soutenir, d'aider à vivre malgré tout quelqu'un d'autre, qui provoquait sa colère. Jusqu'à l'obsession.

Moi, c'est la peur qui m'obsédait.

L'angoisse de détruire quelqu'un d'autre.

Je vivais dans la hantise de poursuivre une mauvaise action. Face à la vie. Face à la mort d'une autre. Qu'y pouvais-je? Il existe plusieurs sortes de morts. Je ne voulais être responsable d'aucune. A tort ou à raison, je ne croyais pas ma femme capable de vivre sans moi. Ce n'était pas une formule vaine. Je voyais bien ce que mes absences, mes départs provoquaient de chagrin, de détresse. Je voyais les dommages de la résignation.

– Je n'ai pas le droit de t'empêcher de vivre, me disait-elle.

Mais elle n'avait pas mesuré toutes les conséquences en elle de cette liberté accordée. Comment l'aurait-elle pu ? Chaque jour apporte ses différences.

Moi je ne mesurais pas, en me laissant aller à mes égoïsmes, à quel point le face-à-face avec moi-même pouvait être, à certaines minutes, une angoissante source de dégoût.

On ne peut pas vivre longtemps ce dégoût de soi.

– Je cherche mon double...

Son double, je ne l'étais pas. J'étais moi. Rien de plus. Et rien d'autre. Alors ?

Ce soir-là devant le miroir, j'ai eu le sentiment précis de mon impuissance, la mesure cruelle de mon insuffisance.

L'angoisse – « cette faculté de se déplaire », dit le philosophe – montait en moi comme une force implacable qui m'empêchait d'aller au-delà d'un certain don de moi.

La même force qui m'avait poussé irrésistiblement vers une vie nouvelle. Avec elle.

Ainsi je tuais en l'une et en l'autre une forme de vie et une joie d'être.

Je tuais la confiance et les certitudes.

L'une était tristesse, l'autre le devenait aussi.

Je vivais entre les deux.

A l'âge où tout dans les sentiments pouvait être « paix profonde ».

Pourtant l'amour c'est parfois simple à définir.

« Tu m'es nécessaire. Je te suis nécessaire. »

A qui étais-je nécessaire? Et qui m'était nécessaire?

***

Bertier décrocha son téléphone. Et puisque Marcel l'y avait autorisé, il l'appela.

– Dis donc... c'est pas facile à traduire en images tous ces longs monologues du bonhomme avec lui-même.

– Non.

– Alors?

– On pourrait les enregistrer en voix off!

– Comme Orson Welles dans *Citizen Kane.*

– Oui! Ou Guitry dans *Le Roman d'un tricheur.* On dit même que Welles s'en est inspiré.

– Ça s'est fait beaucoup depuis... et ça risque de casser le rythme du film... et les états d'âme... tu ne crois pas qu'on s'en fout?

Marcel éclata de rire.

– Ah! tu n'es pas un inquiet, toi... hein! Ecoute... avec ta tête en gros plan... on peut tout faire passer! Même les états d'âme... Finis d'abord ta lecture... hein... on en reparlera!

Bertier raccrocha. Remis en selle et comme remis en confiance, il se fit un devoir d'obéir à cette injonction amicale.

Marcel, de son côté, en reposant l'appareil, regarda la jeune femme qu'il avait en face de lui et sourit.

– Les acteurs sont décidément de grands tourmentés...

La jeune femme répondit à ce sourire d'un hochement de tête. Elle était belle. Son visage grave reflétait une indicible tristesse. Mais elle souriait néanmoins...

– Et les créateurs donc... dit-elle.

*
**

« Je suis privé de ma mère. »

L'homme qui me disait cela, il y a bien longtemps, était un grand peintre. Ami intime de mon père. C'était un personnage fascinant, au teint pâle et aux cheveux calamistrés d'hidalgo espagnol descendu tout droit du XVIII*e siècle. Il semblait promener son élégance naturelle et sa nonchalance en habit Louis XV, l'épée au côté, comme s'il voulait témoigner par ses attitudes que l'aristocratie n'est pas seulement une marque de naissance.*

Compagnon de route de Jacques-Emile Blanche, de Dufy, de Gen Paul, de Cocteau aussi à qui il ressemblait un peu quoique plus âgé, il possédait une culture prodigieuse. Il vivait ce temps où, sans distinction d'âge et de génération, et surtout sans aucun souci de célébrité –

il ne l'avait pas connue et ne la recherchait pas –, tout un petit monde, d'Utrillo à Maurice Donnay, de Modigliani à Picasso, circulait à Montmartre entre la rue Ravignan, le Bateau-Lavoir et le Lapin à Gil (1), *qui deviendrait très vite, par la malice des mots, le Lapin agile. C'était un univers d'intelligence, de sensibilité et de créativité dont l'influence s'étendrait bientôt sur le monde entier. Un univers d'injustice, certes, mais qui savait encore distinguer les vraies valeurs des fausses sans aucun secours médiatique. Cet homme qui n'avait besoin de rien s'intéressait à tout : le sport, exigence toute nouvelle à cette époque-là, la musique, les sciences, les livres qu'il dévorait avec passion. Original dans ses jugements comme dans ses attitudes, semblant surgir d'un roman de Proust – qu'il osait ne pas aimer –, il lui arrivait de sortir de sa poche un poudrier vers sept heures du soir comme on sort un paquet de cigarettes, afin de réparer de la journée les outrages réparables.*

– Je ne supporte pas d'avoir le menton bleu ! disait-il en se pomponnant les joues et le nez.

Ce qui ne laissait pas de provoquer une certaine stupeur quand, dans ma jeunesse, je le rencontrais avec mes parents, dans un endroit public !

Il est vrai que dans les années 1900 les hommes se poudraient après rasage... Pourquoi n'auraient-ils pas continué vingt-cinq ans plus

(1) Du nom de son fondateur, André Gil.

tard au cours de la journée dans les années folles?

Paradoxal dans ses avis et dans ses opinions, il était capable de démontrer tout et le contraire de tout. Il m'était parfois difficile de le suivre dans ses analyses, mais je recevais de lui de tels enrichissements que peu importait l'audace des analyses! Cet homme a marqué ma jeunesse de sa rigueur, de son intelligence et de son goût aussi, car si j'aimais sa peinture j'adorais sa conversation. Je me sens encore, même maintenant, tributaire de sa personnalité, de son esprit et de ses idées. Sauf sur un point : il était homosexuel. Il ne m'a pas entraîné dans cette solitude.

En ce temps-là personne ne défilait encore de la République à la Nation pour affirmer les droits d'un prosélytisme délicat. Bien qu'il m'ait averti un jour avec humour, et pour me taquiner, qu'à partir de la soixantaine il me faudrait peut-être songer à une reconversion...

– Pour ne plus être soumis aux sortilèges d'Eve... me dit-il en riant.

– Cela me simplifiera peut-être la vie!

Il prit un petit temps avant de répondre. Un petit temps sérieux.

– Crois-tu?

Et son regard précis ne permettait aucun doute.

Son sourire, devenu soudain plus las, valait toutes les défenses et toutes les protections.

Ce chemin-là aussi était difficile à parcourir.

– Je suis privé de ma mère...

Pourquoi cette phrase me revient-elle ainsi à la mémoire? Et précisément ce soir?

Devant ma surprise, il me la répétait : « Oui. Je suis privé de ma mère! »

C'était un homme de plus de cinquante ans qui me disait cela. Et je ne comprenais pas. Il me paraissait bien vieux pour exprimer un tel regret. Sa réflexion me semblait répondre à une logique conventionnelle. Celle de ce rapport mère-femme qu'établissent, avec plus ou moins de bonheur, ceux que la nature a fait naître comme cela et qui ont choisi, parfois malgré eux, de rester « vieux garçons ».

« Je suis privé de ma mère... »

Je viens de l'écrire, cette phrase, cinquante années plus tard.

Et je l'entends résonner en moi comme elle me fut dite et répétée il y a plus de cinquante ans, chez Graff, la brasserie à la mode de la place Blanche, où le Tout-Paris des années 20 se retrouvait presque obligatoirement après minuit... pour la soupe à l'oignon gratinée. Et le Tout-Paris de 1920, c'était un peu l'« Europe »...

– Je sais ce que tu imagines, me dit-il, mais ce n'est pas seulement cela. Tu comprends... je n'ai plus personne à qui parler désormais. Personne à qui me confier vraiment, profondément.

Et le sourire un peu las, le regard qui, soudain, s'éloignait dans le souvenir témoignaient du vide qu'il en éprouvait.

– Tout être a besoin de jeter ses déchets... de vider son sac.

Là-dessus il sortit son poudrier. Il était deux heures du matin. La barbe avait poussé.

– Je vais ressembler à un gangster américain! me dit-il en se repoudrant devant l'œil impavide du maître d'hôtel qui changeait les cendriers.

– Ma mère est morte depuis dix ans. Je ne me sens pas privé d'elle, lui dis-je.

– Parce que tu es jeune. Ce n'est pas le moment des regards en arrière. Tu as en toi toutes les forces de la vie. Tu réponds à leur appel. Mais le temps va jouer son rôle. Ton sac va se remplir. Tu éprouveras un jour le besoin de l'alléger...

J'ai compris plus tard. Beaucoup plus tard.

Est-ce parce que vers la soixantaine j'avais admiré une aube de fin d'été sur la mer?

Est-ce parce que j'ai vécu ma vie avec toutes les naïvetés de l'enfance?

Avec tous ses égoïsmes aussi?

Est-ce parce que j'ai souvent éprouvé le besoin de parler, d'être écouté sans être jugé?

Tout cela sans doute. Mais un jour, moi aussi, je me suis senti « privé de ma mère »...

Le hasard – ou la volonté des dieux – a voulu que je retrouve un jour une lettre de ma mère. Deux années s'étaient écoulées depuis ma contemplation des vagues qui se fracassaient sur les rochers noirs de la petite île bretonne...

La lettre était très courte. Elle datait de mai 1913. L'année où ma mère était morte. Cette même année où ma mère était morte, cette lettre évoquait la mort de ma grand-mère.

La lettre était très courte et elle m'avait bouleversé...

Elle m'avait bouleversé parce que dans sa brièveté elle disait tout...

Cette lettre très courte, ma mère l'avait adressée à mon père...

Cette lettre très courte, mon père l'avait toujours gardée.

Mon père qui, déjà, avait rencontré « l'autre ». « L'autre » de qui il avait eu un enfant. Ce que ma mère savait. Et elle lui écrivait à lui parce qu'il était, lui, à cette minute-là, et malgré tout, le seul ami, le seul refuge dont elle avait totalement besoin.

« Maman n'est plus. Ses deux derniers mots ont été : amour, ma fille. Aime-moi... »

Tout être a besoin d'un refuge. Comme d'un repos.

Un refuge où l'on peut espérer que toutes les angoisses, tous les chagrins, comme toutes les faiblesses ou tous les doutes, s'apaiseront.

Un refuge où l'on peut espérer restaurer une confiance perdue. A la condition seule d'y être accueilli.

Un refuge où l'on peut espérer retrouver un accord avec soi-même.

C'est le refuge des dernières peurs.

C'est le refuge que tous les hommes qui ont vécu les guerres connaissent. C'est le refuge où tous, sans exception, du plus sceptique au plus tendre, du plus dur au plus incrédule, se préci-

pitent. C'est le refuge où, comme un appel au dernier espoir, comme la recherche d'une ultime protection, chaque homme crie « maman »...

C'est sans doute la raison pour laquelle parfois on peut se sentir « privé de sa mère »...

Un père n'est pas un refuge. C'est un obstacle. Un obstacle nécessaire. Le premier que l'on affronte. Le premier auquel on se heurte. Si l'on possède soi-même une personnalité.

Un père, c'est une image. Ce devrait être un modèle – j'y ai souvent pensé ! Un père c'est un son de voix. C'est un guide. Par lui et grâce à lui survivent en nous quelques formules, quelques exigences qu'on n'oubliera jamais même si on les néglige un temps.

Un père c'est une rigueur ou un laisser-aller. Toute la vie nous restons marqués de son exemple comme de son influence.

Mais un père n'accueille pas. On ne s'abandonne pas devant un père. Impossible de rejeter vers lui les déchets de la vie.

Le refuge, c'est la mère. Peut-être parce que nous vivons en elle, dans son ventre – dans la profonde chaleur de sa vie –, les premières heures.

Elle est l'accueil ultime et l'ultime protection.

C'est cette chaleur, cet accueil-là que demandait ma mère dans sa lettre si courte...

– Maman n'est plus. Aime-moi.

Elle le demandait à mon père. Mon père qui connaissait « l'autre ». Et ma mère le savait.

C'est ce besoin-là, plus ou moins confus, plus

ou moins exprimé, plus ou moins ressenti, qui la rapprochait encore de mon père. Comme il rapproche encore deux êtres que la passion a quittés.

C'est cette recherche, voulue par l'un, acceptée par l'autre, qui les unit encore par nécessité. C'est le lien mystérieux, impalpable, que tisse le respect de l'autre.

Un respect de la vie de l'autre.

Un respect que chacun doit conserver à l'autre. Demeurer un refuge possible.

Je ne pouvais pas m'empêcher de penser cela.

Pourquoi la guerre ou l'indifférence entre des êtres qui se sont aimés?

Comment aurais-je pu le lui faire comprendre, à « elle »? Le lui faire admettre?

Comment lui faire comprendre que, par instants, je n'avais plus personne à qui parler?

Elle ne m'accueillait pas. Car elle était solitude et indépendance. Elle m'aimait pour elle. Pourquoi m'aurait-elle aimé autrement?

J'avais vingt-trois ans de plus qu'elle. Et je ne la rassurais pas.

Elle avait décidé, une fois pour toutes – protection volontaire –, que rien ni personne ne devait troubler l'efficacité ou les exigences de son travail, que rien ni personne ne pouvait bousculer les certitudes sans appel de sa morale, que rien ni personne ne devait pénétrer les secrets replis de sa tendresse profonde.

Elle se protégeait ainsi elle-même. Seule, et depuis très longtemps.

Elle avait besoin dans sa solitude de cette protection.

Avec le temps, nous aurions pu être compréhension et indulgence.

Devenir le refuge de l'autre.

Nous sommes devenus agression et colère. Pourquoi?

Le véritable amour n'est-ce pas celui qui accorde à chacun la liberté d'être soi-même?

Mais nous vivions de passion. Et ce n'est pas sans raison que passion vient du latin « passio » et que le mot signifie « souffrance »...

J'ai accordé aux êtres et à l'amour une très grande place dans ma vie. Trop grande peut-être. Mais qu'importe! A mon âge, ce regret-là aussi est inutile.

Même si j'ai consacré – et perdu peut-être? – beaucoup de temps à aimer les êtres sans parvenir à la sainteté...

Même si j'ai voulu vivre trop longtemps et sans convaincre un rêve trop grand pour moi.

***

« Je suis privé de ma mère! »

Je viens d'écrire cette phrase parce que j'ai ouvert mon portefeuille tout à l'heure.

Pourquoi?

Depuis longtemps je garde sur moi dans ce portefeuille une photo de ma mère.

Elle a vingt-cinq ans. Elle porte une sorte de chapeau espagnol qui lui donne une attitude fière, presque altière. Elle sourit, sur cette photo, de toute la force de sa jeunesse. Elle est belle, d'une beauté rayonnante. Je venais de naître. J'ose dire, avec vanité, qu'elle en semble fière.

Cinquante ans plus tard, au hasard d'un reportage, je me suis retrouvé dans le village de ma naissance. J'ai eu soudain l'envie d'aller voir l'église où j'avais été baptisé.

Une petite église de campagne, modeste et sans ornements. Les chaises, avec leurs plaques de cuivre au nom des paroissiens, étaient sagement alignées. J'étais seul. Je regardais le Christ en croix. Oh! ce n'était pas un Michel-Ange. C'était un bois sculpté aux couleurs naïves, trésor saint-sulpicien. Je regardais aussi les fonts baptismaux, marbre et bronze doré, don, sans aucun doute, d'une riche famille, ils n'auraient pas déparé une église plus importante. Je suis resté de longues minutes dans le silence paisible et la douce lumière ouatée qu'offrent les églises anciennes. Je respirais l'odeur forte de l'encens, reste de la grand-messe du dimanche précédent. J'étais bien. Je n'avais pas envie de partir. Un rayon de soleil filtrait à travers les vitraux et colorait de rouge l'eau bénite. Je songeais avec attendrissement que, cinquante années plus tôt, mes parents tenaient là dans leurs bras un petit bébé sage, ou hurleur, moi!

On crie en naissant comme si on avait peur.

On soupire en mourant comme si on regrettait que tout soit fini, déjà. Le premier cri. Le dernier soupir. Entre les deux, le fleuve, la vie. Et je m'attendrissais, face à ce baptistère, en pensant à leur joie de ce jour-là. Je les imaginais heureux de ma venue, bien sûr! Comment aurais-je pu en douter?

J'ai eu soudain envie de prier. De les appeler à l'aide. De leur parler de moi.

Une heure plus tard je déjeunais chez des cousins avant de repartir pour Paris où m'attendait le dîner d'anniversaire de ma fille Isabelle.

– Tiens! me dit ma vieille tante Marguerite, j'ai retrouvé cette photo de ta mère. Je ne sais pas si tu la connais. Je t'en fais cadeau!

C'était la vieille photo jaunie avec le chapeau espagnol. Celle que je garde toujours sur moi.

Cette photo oubliée, je l'ai reçue comme une protection. Comme le cadeau venu d'un certain au-delà cinquante années après ma naissance. Comme un clin d'œil de ma mère. En la regardant j'avais, chaque fois, le sentiment d'une aide.

Je suis un peu moins privé de ma mère...

Un jour, par hasard, ce vieux cliché est tombé sous le regard de quelqu'un que je ne connaissais pas, qui ne m'avait jamais vu, qui ne savait rien de moi.

Cet homme venait remettre au journal une série d'articles sur « Les pouvoirs inconnus ».

– Qui est-ce?

– Ma mère.

– Elle est belle.

– Oui.

– Elle a beaucoup souffert...

– ... Ah?

– ... Oui... Votre père...

J'étais stupéfait.

– Je reçois d'elle un désaccord, me dit-il.

Il palpait la photo. Me regardait intensément, revenait au vieux cliché comme pour en extraire tous les mystères.

– Oui... elle a souffert avec votre père.

– Heu... Je ne sais pas... Oui... peut-être.

Il me regarda curieusement, comme s'il ne croyait pas à mon ignorance.

– Elle est en colère. Je la sens... comme déçue. Pardonnez-moi, me dit-il en me rendant la photo.

– Pourquoi?

Il me regarda encore en souriant.

– Pourquoi... quoi?

– Pourquoi, en colère? Pourquoi déçue?

– Je ne sais pas. C'est vous qui vivez votre vie!

Il me regardait toujours aussi bizarrement.

Nous n'avons souhaité ni l'un ni l'autre prolonger le malaise. Nous avons parlé d'autre chose.

On a beau vouloir ne pas accorder trop de crédit à l'irrationnel...

Ma mère était en colère. Contre qui? Contre moi?

Ma mère était déçue? Par qui? Par quoi? Par ma vie? Par moi? Pourquoi?

Et s'il était vrai qu'à leur manière les morts nous parlent?

Bertier reprit son téléphone.
– Marcel?
– Oui.
– Je te dérange...
– Jamais! répondit Marcel en regardant la jeune femme assise en face de lui. Et il lui fit un petit signe de l'œil qui signifiait « c'est encore Fabrice ». Tu as fini?
– Non... pas encore.
– Je me disais aussi...
– C'est vraiment un drôle de type... pas simple, hein?
– Elle non plus! Mais... si tu crois que tu l'es, toi!
– Quoi?
– Simple!
– Ah! j'irais quand même pas à l'église prier le bon Dieu de m'aider à assurer l'adultère...
– Toi, non! Mais le personnage, lui, peut y aller... C'est une bonne scène...
– ... Oui... elle ne devait pas être catholique, l'architecte, sinon elle aurait pensé à la confession!
– La confession?
– Oui! Faut aller de temps en temps faire toilette au confessionnal! C'est pour ça qu'il a besoin de voir sa femme!
– On voit bien que tu as fait des études à Sainte-Croix...
– Ha, ha!... Pas bêtes les bons pères... On avouait les petits larcins : « j'ai menti », « j'ai volé du roudoudou chez la pâtissière »... On avait droit à la dizaine de chapelet... on était

soulagé... et le lendemain on lui piquait du chewing-gum ou des éclairs au chocolat, à la pâtissière !...

– En tout cas... tu as l'air mieux, toi...

– Ah ! tu sais... quand on a une nature inquiète... faut se délivrer des idées noires en déconnant un peu ou bien en jouant la comédie... sinon... Oh ! attends ! Je pense à quelque chose à propos des curés... ça pourrait peut-être servir !

Bertier dépose l'appareil.

Il s'est levé d'un bond pour fouiller ses tiroirs.

Toc toc toc ! Trois petits coups discrets. La porte de son bureau s'ouvre et Bertier réalise une fois encore à quel point le temps passe vite. Que l'on pense ou que l'on lise...

– Monsieur, il est trois heures vingt ! Qu'est-ce que je fais ?

Les servantes ont beau être parfois « au grand cœur », elles n'en sont pas moins femmes. Et à ce titre elles peuvent légitimement avoir les mêmes impatiences justifiées en estimant que leurs maîtres, les hommes, les traitent avec une désinvolture insultante. Pauline montre à « Monsieur » un visage de détresse, à la limite de la désolation et de l'irritation.

– Je mets à cuire ou quoi ?

Bertier sourit à Pauline. Dans un geste charmant il lui pose un baiser sur le front. Vingt ans de complicité l'y autorisent.

– J'arrive, Pauline. J'arrive ! Mettez à cuire...

Pauline, comme d'habitude, tout aussi soudainement attendrie par Monsieur qu'elle était, il y a un instant, toute proche de la colère, s'en retourne, rassurée.

– Marcel?

– Oui?

– Tu es toujours là?

– Bien sûr!

– Je mange un petit morceau et je te rappelle dans un quart d'heure.

– Parfait.

Ce que Bertier cherche dans ses tiroirs, c'est un dossier. Un dossier ancien. Un dossier qui contient des lettres. Très ordonné, Bertier, méticuleux même. Il garde tout. Sachant par instinct que tout peut toujours servir aux acteurs. Les lettres comme les chocs. Les manies, les tics des autres comme les réflexions personnelles. En matière de création et d'imagination, le matériel ordinaire, c'est souvent un souvenir, une observation dont l'acteur s'empare pour donner de la réalité, du naturel à la fiction.

Certes, le génie se passe de cette intendance, mais le génie est rare... même chez les acteurs!

– Voilà!

Ce sont des lettres adressées à Geneviève. Curieusement, Bertier ne les avait jamais envoyées. Mais il s'était libéré, défoulé en les écrivant. Décidément, Geneviève revivait en lui avec force depuis vingt-quatre heures. Il ouvre l'une d'elles au hasard.

« ... Nous n'avons jamais été séparés toi et moi que par un mot. Le mot " jamais ". Et pourtant je souhaite continuer à vivre avec toi ce que je vis. Mais pas dans la haine, le soupçon, le harcèlement. Je ne te trompe pas. Et je ne veux pas te tromper. Jamais je n'accepterai de renoncer à protéger mon passé et mon métier. Tu défends ta vie. Je défends la mienne. J'ai tenté de me modifier, tu le sais. J'ai tenté de devenir un autre. Par amour pour toi. Mais je n'y parviens pas. Je suis sans cesse rattrapé par moi-même. Et je deviens chaque jour plus agressif. Je me perds et je te perds. Je le sais. Et c'est insupportable. Je n'accepte pas l'idée de te perdre et parfois pourtant j'aspire à cette délivrance. »

Bertier reçoit cette lettre en pleine poitrine. Le mot « délivrance » en plein cœur. Il n'a plus envie de rire du tout, Bertier.

– Pauvre Geneviève... Non, ce n'était pas une délivrance... Pendant des années j'ai cru crever. Pauvre Geneviève...

Bertier remet pieusement la lettre dans le dossier. Et il range le dossier dans le placard bien en ordre, à droite de son bureau...

*
**

– Monsieur, c'est prêt...

Pauline semble au bord des larmes. Il y a dans son « c'est prêt » toutes les marques de découragement d'une maman devant le manque d'appétit de son petit.

– Je vous suis, Pauline.

Cette fois c'est vrai. Bertier s'excuse encore auprès de Pauline. Une Pauline un peu étonnée de lui voir, sur le visage, une expression de gravité inhabituelle. Bertier passe dans la salle à manger. Il a emporté avec lui le cahier, car il veut absolument poursuivre sa lecture.

Il s'assied devant le steak-verdure diététique que lui a mitonné Pauline.

Et très vite, pour agrémenter son repas-régime d'un peu d'imaginaire, Fabrice Bertier songe...

A la difficulté d'être?

Au cahier?

A Geneviève?

Au fait, vous ai-je dit que Fabrice Bertier s'appelle en réalité Victor Mouillerot? Eh oui! Fabrice Bertier est un pseudonyme. Pour la bonne raison que ce nom de Victor Mouillerot ne lui était pas apparu comme très glorieux pour un acteur. Le prénom, Victor, pouvait passer à la rigueur. Il y avait eu dans le genre des précédents illustres... Francen, Boucher et même...

« Ce siècle avait deux ans, Rome remplaçait Sparte...

Déjà Napoléon perçait sous Bonaparte... »

C'est d'ailleurs en hommage respectueux et admiratif envers le poète que papa Mouillerot, bien que simple cordonnier né à Privas (Ardèche), avait baptisé son fils Victor. Du nom de celui de « l'immortel auteur des *Pauvres Gens* », comme se plaisait à qualifier Hugo le papa Mouillerot, poète lui aussi à ses heures. Donc, pour le prénom, pas de problème particulier, Victor, ça allait. Mais pour Mouillerot, c'était une autre affaire. Déjà à l'école, ses copains, impitoyables, ne l'avaient pas épargné en l'appelant « Moumouille » et même « LA moumouille ». Bertier en avait beaucoup souffert et sa scolarité s'en était ressentie. Cette humiliation était une indication fâcheuse, mais précieuse, pour l'avenir. Car même prononcée par les voix féminines les plus suaves – style hôtesse de l'air ou animatrice d'émission nocturne à la radio –, Mouillerot... ce n'était pas un son d'une sensualité et d'une musicalité très convaincantes ni médiatiques, susceptible de retenir un jour l'attention des foules. Donc, après bien des recherches, auxquelles Madame numéro deux avait apporté sa contribution, Victor Mouillerot était devenu officiellement pour l'état civil : Victor Mouillerot, dit **Fabrice Bertier.** Fabrice, pour une raison évidente, une juvénile admiration que l'âge mûr n'avait pas modifiée pour Stendhal. Et Bertier, tout simplement parce que Madame numéro deux occupait au début de leurs amours un rez-de-chaussée au 173 du boulevard dudit, près de la porte Champerret à Paris. Au passage, l'h de Berthier avait été enlevé pour ne pas risquer d'effaroucher, du maréchal, l'éventuelle descendance. Pour Madame numéro deux, Bertier était d'ailleurs toujours resté plus ou moins Victor. Elle n'avait jamais pu se faire à Fabrice. Ce qui agaçait prodigieusement Bertier. Surtout devant la jeune épousée...

Encore heureux qu'elle ne l'ait point appelé « Totor »... elle qui avait l'horripilante manie des diminutifs. Bertier ne l'aurait pas supporté. Même si, sans le vouloir, Madame numéro deux sut montrer en maintes occasions des vertus comparables à celles de Juliette, l'admirable et officielle numéro deux de l'illustre poète et pair de France.

– Fous-moi la paix avec Victor, appelle-moi FABRICE!... « Fafa » à la rigueur... si tu ne peux pas faire autrement.

Victor Mouillerot donc, dit Fabrice Bertier, tout occupé à brouter sa verdure et ses protéines, songeait...

– Pourquoi cet homme si pudique en apparence éprouve-t-il le besoin de se raconter ainsi? Pour qui?

– On parle toujours de soi avec indulgence dans ces sortes de plaidoyers. Et on ne dit pas tout. Personne ne dit jamais tout.

– N'est-ce pas, ma bonne Pauline? dit-il à la-servante-au-grand-etc. qui venait d'entrer à pas feutrés dans la salle à manger.

Au service de Bertier depuis près de vingt-cinq ans, la bonne Pauline ne sourcille pas, habituée qu'elle est à ce genre d'intervention.

– ... Vous prenez du fromage?

– ...

– C'est terminé? insiste Pauline.

Et, devant le silence médusé de Bertier, elle lui change son assiette sans attendre de réponse.

– Pauline?

– Monsieur ?

– Vous seriez femme, vous, à vous confier dans un livre... ou dans un journal ?

– Certainement pas, monsieur, répond Pauline avec un sursaut d'indignation.

Et après cette pertinente conclusion, Pauline, de son pas égal et serein de servante au grand cœur et au chignon soigné, s'en retourna vers ses chères études. En l'occurrence, celles de *Confidences* et de *Nous deux*, qu'une exquise sentimentalité lui faisait dévorer entre deux tâches urgentes au service de Monsieur. A moins que ce ne soit, ce jour-là, dans le souci de parfaire sa culture, la lecture de *Télé 7 Jours*.

Bertier la regarde s'éloigner en souriant avec attendrissement. Il l'aime bien sa bonne vieille Pauline. Il lui arrive parfois de la bousculer un peu mais Pauline ne s'en soucie guère. Pour elle, « Monsieur, c'est Monsieur », « Monsieur, c'est un artiste » ! Ce qui signifie que toutes les indulgences lui sont acquises. Et définitivement.

Ils se connaissent depuis si longtemps.

Est-ce cette raison qui ranime la mémoire de Bertier ?

Brusquement il reçoit la réponse à la question qu'il se posait.

Il n'avait pas dix-sept ans. Il s'appelait encore Victor Mouillerot... Il a alors connu son premier chagrin d'amour.

Ah ! la classe de première A' !...

Il se revoit, apparemment penché sur son dictionnaire latin... le Gaffiot ! Il fait semblant d'achever sa préparation latine. En réalité, il noircit les pages d'un cahier pour confier sa détresse au papier, en se foutant éperdument d'Ovide et de ses *Métamorphoses*!

Avant que Pauline ne lui eût apporté son dessert – elle allait sûrement lui offrir un fruit (beurk!) –, Bertier se précipita de nouveau dans son bureau. Fébrilement il fouilla à nouveau ses tiroirs. Plus exactement son armoire secrète, et il y découvrit ce qu'il cherchait : un vieil attaché-case soigneusement fermé à clé, dans lequel, il s'en souvenait maintenant très bien, un vieux, très vieux cahier était rangé parmi d'autres trésors. Son cahier de « prép'lat' (1) »!

La clé! Où est la clé?

Comme si elle avait entendu la question, la clé lui souffle à la mémoire :

– Je suis là! Dans ce vieux porte-monnaie, au milieu des restes de tes voyages passés!

Bertier se demande un instant pourquoi, au milieu des kopecks, des lires et des pesetas, il a trouvé si facilement cette clé. Est-ce que par hasard la jeune épousée se serait livrée à une exploration récente?

– « Méfiez-vous, elles fouillent! »

Peu lui importe l'avertissement du cahier de « l'autre »! La clé tourne dans la serrure. Bertier ouvre l'attaché-case et en extirpe le vieux cahier de « prép'lat' ».

Il le met sous son bras et revient dans la salle à

(1) Expression employée pendant les années de scolarité de Bertier (1930-1936), signifiant : préparation latine.

manger à l'instant même où la-servante-au-grand-cœur, etc. lui apporte une poire superbe trônant sur une assiette à fleurs.

– Une Comice, annonce-t-elle fièrement.

– Merci, Pauline.

Presque étonnée que Monsieur n'ait pas davantage protesté à l'annonce de ce dessert sinistre, Pauline se croit obligée d'ajouter :

– Elle est bien mûre.

– Bravo ! Moi aussi !

Pauline ne relève pas. Ce n'est pas la minute d'humour. Monsieur se moque éperdument de la maturité de la poire, il a déjà ouvert le cahier, comme pour y recueillir les restes de sa jeunesse. Oh !... merde !

La-servante-au... etc. prend le mot pour la poire et pour son grade ! Elle se demande soudain si ladite poire était gâtée parce que trop mûre ! Mais voyant que Monsieur, tournant le dos à la poire, est plongé dans ses papiers, Pauline, subitement rassurée sur une réaction plus conforme de Monsieur face à un repas spartiate, s'en retourne sereine.

Ce qui motive l'exclamation de Bertier, c'est la première page de son cahier d'adolescent.

« Si, par accident, ceci était trouvé par quelqu'un de ma famille, je lui demande, par respect pour moi, de tout détruire sans lire une seule ligne. »

Presque les mêmes mots que l'autre !

C'était à ses parents que Bertier adressait cet avertissement. Avec toute la gravité solennelle de la jeunesse.

Et il se met à revivre ses vieux élans du cœur.

Très vite cette explosion babillarde et prolixe, écrite plus de cinquante ans auparavant, lui paraît d'une naïveté désarmante. Comme appartenant à quelqu'un d'autre.

– On change décidément plus qu'on ne croit, dit-il. Cela se vérifie sur les écrits tout autant que sur les vieilles photos.

« C'est un long cri d'amour – le comprendra-t-elle ainsi ? »

De page en page, son style lui parut infantile. Et pour cause...

– Denise ! Elle s'appelait Denise !

Et elle avait huit ans de plus que lui.

– Décidément !

C'est avec elle que Fabrice Bertier, alors simple petit Victor Mouillerot, avait connu le temps des premières extases. Le temps des surprises émerveillées où l'on échange une jeune force maladroite avec celle d'une créature ardente dont les études plus poussées et les expériences plus savantes autorisent tous les éblouissements. En relisant ses pensées anciennes, Bertier commença à s'attendrir sur ses émois passés, comme si les odeurs d'un corps ou la douceur d'une peau lui parvenaient encore...

Le cœur qui cogne dans la poitrine, la respiration qu'on ne contrôle plus...

Il sourit au récit d'un soutien-gorge que d'une main tremblante il tente en vain de dégrafer...

Denise, plus habile, et tout aussi affamée, lui avait facilité le travail... Un sein rose et ferme (il le revoyait tel), qui ne demandait qu'à s'offrir, s'était alors présenté à sa gourmandise luxurieuse de « petit Mouillerot ». Denise avait doucement guidé le visage de ce petit prince de la fornication... Et ils s'étaient aimés...

– Ah! Denise...

Pour un jeune homme d'avant-guerre – celle de 39-40 –, ce n'était pas commode de connaître les premières extases. Les deuxièmes et les suivantes non plus d'ailleurs.

L'hôtel? Pas d'argent. Chez soi? Les parents. Alors?

– Voilà un vrai problème, dont devraient s'occuper les gouvernements! se dit Bertier, car on n'a pas progressé là-dessus. On a bien inventé les crèches et les hospices! Tout pour avant et tout pour après. Rien pour pendant. On devrait créer des « amouroirs »! Tiens! Ajouter cela au cahier des charges de l'Education nationale! Les jeunes gens et les jeunes filles pourraient se rencontrer dans des locaux subventionnés par l'Etat. Des « maisons » de la culture en quelque sorte... des vraies! Et utiles...

Pas de tourments pour les parents. Pas de dépenses pour les enfants. Les problèmes de natalité qui se posent de façon si aiguë aux nations occidentales seraient enfin abordés concrètement! Fin de l'oisiveté, mère de tous les vices. Au boulot, les jeunes!

Ah! que voilà un investissement qui serait propice à la découverte de nouveaux génies!

En vérité, Fabrice Bertier fourmillait d'idées en découpant sa poire...

C'est dans un cinéma que Bertier-Mouillerot avait cru déceler, cinquante ans auparavant, que Denise (comment s'appelait-elle, au fait?), que

Denise, dis-je, ne s'opposerait pas à sa félicité. Leurs bouches jointes, Victor, d'une main que Denise avait guidée avec soin, s'était aventuré timidement le long de la cuisse de sa bien-aimée. Il en avait ressenti la douceur, la chaleur et le frémissement. Encouragé, il avait alors osé pousser plus loin cette expression hardie tout autant que fébrile. Denise l'avait regardé. Comme si elle était surprise. Victor aussitôt s'était arrêté, gêné. Denise lui avait souri pour le rassurer. Puis, la tête hypocritement tournée vers l'écran, elle s'était ouverte et offerte à sa curiosité...

Et la salle s'était rallumée!

Distraits, aucun d'eux n'avait vu le mot FIN s'inscrire sur l'écran.

Cinquante années plus tard, Bertier en riait encore!

D'autres images, tout aussi attendrissantes que celle-là, vinrent frapper à sa mémoire comme à une porte qui ne demande qu'à s'entrouvrir. La maison de campagne de Villennes-sur-Seine... Denise qui a réussi à se procurer la clé auprès de ses parents sous le singulier et fallacieux prétexte de plants de tomates à arracher!

C'est là, au bord du fleuve tranquille, entre trois heures de l'après-midi et six heures du soir, que le jeune Victor Mouillerot, plus connu vingt ans après sous le nom de Fabrice Bertier, a pu enfin connaître, bien mieux qu'au cinéma, de la femme l'affriolant mystère et de Denise le tempérament fougueux...

– Quand je pense que le public croit à nos extases pendant le tournage... alors que notre seul souci... c'est la caméra.

Il revoit la petite auberge des bords de Marne aussi, à Nogent, où tous frais de séjour subventionnés par Denise il a passé quarante-huit heures de rêve...

– Du fleuve à la rivière, les amours passagères...

On dirait le refrain d'une valse musette, pense Bertier.

Denise, la sœur aînée de son copain Perrot, était vendeuse chez André, « le chausseur sachant chausser », et à ce titre elle avait pu lui offrir la chambre. Lui se rappelait avoir payé un repas ! Tout l'argent de poche du mois y était passé. Sous le prétexte donné aux parents d'un « Tournoi de Pâques » de football, allez hop ! deux jours de lit !

– Bon Dieu ! Denise... Quelle bravoure...

Bertier ne se souvenait plus s'il avait répondu à l'appel du Désir, selon les exigences du nombre d'or ou de son chiffre ésotérique mais, entre sept et neuf... Il n'y avait pas lieu d'être humilié !

– Ah ! c'est amusant ça !

Bertier vient de tomber sur une phrase du journal intime du jeune Victor Mouillerot qui lui paraît plus digne de l'adulte. Fabrice Bertier : « Ce qui est triste dans les relations des êtres qui se sont aimés et qui rompent, c'est qu'à l'instant où l'un aurait le plus grand besoin du secours de l'autre, il ne le trouve plus... »

Et cette autre phrase : « Elle a trouvé son ailleurs. Ce qu'on cherche tous plus ou moins. Cet ailleurs qui peut être Dieu ou l'amour ! »

– Oh ! c'est pas émouvant, ça ? C'est vrai que j'ai failli devenir curé vers quatorze ou quinze ans !

Exact! Victor-Fabrice-Mouillerot avait fait sa petite crise de mysticisme, comme del Dongo à cet âge-là. Il allait même jusqu'à offrir des bonbons à ses copains pour servir la messe à leur place!

Hélas pour son salut, Victor, pris entre les ardeurs mystiques de la foi et celles, plus charnelles, de la femme, allait bientôt renoncer à suivre les « sentiers sublimes » pour s'abandonner aux chemins plus ouverts de la concupiscence, dont le corps de Denise ne constituerait pas le moindre des prétextes.

Et Bertier, pris au jeu, continue à feuilleter les pages entre deux morceaux de poire.

« Je devrais cesser d'écrire ce journal. Je devrais cesser d'analyser les images du passé. »

– Oh! les images du passé! A dix-huit ans! C'est merveilleux la jeunesse...

« Mais ai-je envie d'oublier? Ce journal, c'est le seul moyen qui me reste de poursuivre avec elle un dialogue auquel elle ne répond plus...

– Ha ha! Pauvre petit Victor! A dix-huit ans j'étais doué tout de même.

L'Amour, jeune ou vieux, recèle une force telle que Bertier se laisse aller pendant quelques minutes à relire ses vieilles confidences naïves, avec le sourire indulgent de celui qui les a vécues et... écrites! Elles étaient comme une vieille photographie de lui, un cliché jauni qui finissait par l'émouvoir.

L'âge de toutes les fraîcheurs vaut bien celui de tous les scepticismes.

« Qui sera-t-elle après ce séjour forcé? Pense-t-elle un peu à moi? Les jours de maladie et la convalescence qui va suivre auront-ils le pouvoir de réveiller son cœur ? »

– Oh ! c'est vrai... La salope ! Elle m'avait fait croire à une opération grave... alors que tout simplement elle était enceinte et qu'elle allait accoucher deux mois plus tard d'un beau gros garçon... qui n'était pas de moi !

Exact aussi.

– J'avais oublié tout cela. Quand je pense que je voulais l'épouser... Fallait-il que je sois doué pour le mariage, mon Dieu !

Honnête Denise ! Elle lui avait souri très gentiment. Et avec un peu d'émotion elle avait repoussé la proposition...

– Tu es mignon... tu sais...

Il soupira, referma le cahier, négligea la poire et alluma une cigarette. Puis il retourna dans son bureau. Il rangea précieusement ce journal d'adolescence qui, un jour, servirait peut-être...

L'autre cahier était devant lui.

Il feuilleta quelques pages après une pensée très reconnaissante pour Denise.

– Au fond... écrire c'est comme jouer la comédie... un moyen très sain de se psychanalyser... sans en être accablé.

En économisant en outre les honoraires du psychanalyste.

Elle est venue me rejoindre à Nice où j'étais en reportage. Une gare la nuit – fût-elle celle de Nice –, ce n'est pas particulièrement gai. Et pourtant, son apparition fut un éblouissement.

Je l'attendais sur le quai. Je l'ai aperçue de loin, se détachant dans la lumière avare et crue des lanternes sinistres de la gare parmi les voyageurs.

Une panthère sur un quai, c'est rare!

C'était elle, dans son manteau de fourrure. Tout aussi rare. Tout aussi féline. Blonde silhouette fauve, elle descendait de son wagon, son petit bagage à la main, voyageuse unique. Elle m'a aperçu. Elle s'est élancée vers moi qui déjà lui ouvrais les bras en allant vers elle. Je crois que nous volions l'un et l'autre sur le quai, comme les mouettes d'Amsterdam. Nous nous sommes fondus dans la nuit, marchant jusqu'au taxi d'un même pas léger et uni.

C'était délicieux.

Ce sont des instants d'émotion comme ceux-là, des rencontres folles comme celle-là, où le cœur bat à se rompre, qui font tout oublier, qui font croire que tout est facile puisqu'il n'y a plus soudain que deux êtres vivants au monde.

Il existe bien des mots pour décrire des sensations ou des sentiments. En face d'un tel souvenir ou d'une telle image, pourquoi apparaissent-ils si faibles, si incomplets ?

Nous étions dans ce taxi, serrés l'un contre l'autre, silencieux et confiants. Heureux, prodigieusement heureux de nous retrouver, de vivre ensemble, voracement, ces deux jours qui, à chaque minute, seconde par seconde, s'enrichiraient de tout ce que nous allions voir, dire et faire ensemble. Sans retenue, sans pudeur et sans crainte, dans l'oubli total de tout ce qui, à d'autres heures, me contraignait tant. Et elle aussi.

J'avais même oublié ma chambre minuscule et un lit très étroit...

C'était, je crois, le premier carnaval de l'après-guerre à Nice et les hôtels étaient surchargés. Mon journal n'avait réussi qu'à me dénicher une chambre modeste, dans un petit hôtel de même catégorie, avec un lit – dit pour deux – que seuls des enfants en bas âge auraient pu occuper sans trop de difficulté.

Comment dormir à deux dans un lit si petit ?

En la regardant, tendrement inquiet, j'ai compris que le sommeil n'était pas sa préoccupation première...

Néanmoins, soucieux de son repos, j'ai voulu

faire auprès de la réception de l'hôtel une tentative pour changer de chambre.

Elle qui avait tant l'amour de son confort m'en a dissuadé. Elle avait déjà fait son « rond » d'un simple coup d'œil dans ce petit espace. Elle m'a miaulé son goût de le garder, fidèle comme un chat à son nouveau territoire.

Rien ne recrée mieux – et aussi vite – l'harmonie entre deux êtres que l'étroitesse d'un lit...

Au matin nous avons baptisé « chambre d'étudiant » cette chambre au lit trop étroit.

Et pour mieux en marquer le cérémonial, nous avons célébré, une fois encore, cette union volontaire de l'inconfort et des doux rapprochements. Et pourtant la nuit n'avait pas été calme.

J'ai parfois regretté ce lit très étroit où, à deux, nous étions si bien tout en dormant si mal.

Est-ce pour retrouver le charme et les audaces qu'en une autre occasion nous n'avons pas protesté ? Peut-être bien.

Elle avait été un jour invitée à prononcer une conférence à Luxembourg, dans le cadre des rencontres européennes, devant un parterre d'architectes internationaux.

Le sujet, proposé par la France, était – on ne peut pas oublier cela – « La recherche pragmatique de la perception d'un univers spatial à caractère social » !

Ce qui, traduit en langage clair, et en bon français, signifie tout simplement : « L'habitat de demain. » Mais notre temps ne se résigne pas à la simplicité. Même si Rivarol au XVIIIe *siècle nous a déjà mis en garde en affirmant que « tout ce qui n'est pas clair n'est pas français ».*

A la dernière minute j'avais pu l'accompagner.

Nous sommes arrivés à Luxembourg quelques instants seulement avant la fameuse conférence sur « La recherche pragmatique... » sans avoir pu même prendre le temps de passer à l'hôtel.

La chambre avait été réservée par l'organisateur du congrès. Mais pour une personne seule. En découvrant notre « univers spatial », au retour de la conférence, nous eûmes sur-le-champ la « perception pragmatique » que le lit était praticable pour une personne forte, certes – à Luxembourg on est solide –, mais seule.

A cette heure avancée de la nuit, il était bien tard pour en aviser le réceptionniste. Et d'ailleurs je ne sais pas ce qu'elle a lu dans mon regard, mais j'ai cru voir dans le sien une certaine petite lueur incitatrice et amusée qui ne laissait planer aucun doute sur de soudaines intentions.

Avec le même sourire et la même hypocrisie nous avons décidé de ne pas réveiller le concierge, estimant qu'« à la guerre comme à la guerre », nous étions suffisamment fatigués pour trouver le sommeil...

Nous nous sommes donc couchés dans le lit très étroit. Et c'est avec précaution que nous en avons occupé l'« univers spatial ». Et nous nous sommes endormis.

Après un temps inappréciable, j'ai senti sur mon flanc droit – ô surprise exquise! – un frôlement léger.

Etait-ce un appel? Ou bien était-ce l'effet d'une de ces digestions laborieuses que provoquent les lourds soupers – tradition oblige – qui suivent ordinairement les conférences? Soupers au cours desquels on prononce une deuxième conférence pour en subir encore une troisième : celle que certains hôtes vous imposent, eux qui voyaient le sujet « plus ceci » ou « moins cela ». Je ne sais pas. Etait-ce le fruit d'une lubricité insatisfaite?

A nouveau je ressentais sur ma poitrine... puis le long de ma jambe... un chatouillement suspect.

– Tu dors?

Sa voix brusquement retentit, sonore et ferme dans la nuit. A n'en pas douter, elle était éveillée.

– Non. Toi non plus?

– Non.

– Tu n'es pas bien?

– Si... Mais...

– ... Mais... quoi?

– Tu ne sens rien?

– Comment l'entends-tu?

– Idiot! Allume!

J'ai aussitôt obtempéré.

Les yeux agressés par l'éclat brutal de la lampe de chevet, je ne distinguais rien, rien qu'elle, inquiète, échevelée. Et le spectacle des draps épars et des couvertures bouleversées qui donnaient au lit très étroit toutes les apparences d'un champ de bataille sur lequel s'était déroulé un combat sans merci... Non! Ce n'était pas ce que l'on pourrait croire!

Après quelques recherches tâtonnantes et « pragmatiques »... mes yeux étonnés se sont accoutumés à la lumière et j'ai soudain aperçu un point noir.

Horreur! En approchant du point noir une prudente main et un regard plus vif, j'ai vu le point noir sauter! C'était une puce...

Bientôt, plus clairvoyants, nous découvrîmes ensemble que ce n'était pas **une** *puce, mais* **des** *puces! Une armée de puces! Une invasion de puces! La lumière les choquait, les dérangeait, les éveillait, les unes après les autres. Dans un désordre effrayant, une panique visible, elles sautaient en tous sens, se bousculant à qui mieux mieux, ivres de notre corps. Un examen plus attentif de la situation et de nous-mêmes nous révéla bientôt l'ardeur du combat et leur monstrueuse voracité : d'abominables cloques nous boursouflaient la couenne. Nous étions atterrés, brisés, anéantis. Partagés entre de soudains grattouillements, la colère, le désespoir, le fou rire et la soif de vengeance, nous cherchions le salut!*

Je songeais à la superbe réplique d'un aubergiste dans une pièce de Dumas :

– Y a-t-il des puces ici?

– Non, monsieur! Les poux les mangent!

Pour l'heure, c'est nous qui l'étions, dévorés!!!

Sans avoir l'assistance et le recours des poux.

Soudain j'ai aperçu l'une de ces sauteuses impudiques au milieu du lit. Elle semblait sourire, béate et satisfaite... abrutie par l'orgie fastueuse de sa nuit, soûle de notre sang qu'elle avait pompé goulûment tout au long des premières heures de ce sabbat nocturne.

Elle cuvait! Elle nous narguait! Elle attendait l'aube pour passer à l'attaque! C'était visible. On lisait dans son petit œil gourmand le luxurieux espoir du petit déjeuner matinal... Insupportable spectacle!

N'écoutant que ma colère et profitant de sa langueur, je l'ai saisie à doigt le corps, d'un index vengeur et humidifié au bout! Et d'un coup, sans scrupule, sans jugement et sans honte, entre les ongles de mes pouces, je l'ai écrasée! Brutalement. Sans pitié. Elle n'était peut-être pas plus coupable que les autres, mais qu'importe! Elle payait pour toutes.

Après une courte concertation nous avons décidé en commun de laisser la lumière allumée afin que son cadavre, suivant les anciens rites, demeurât exposé sur le champ de bataille comme le visible symbole d'une répression féroce face à l'intolérable agression.

La lumière allumée fut notre salut; notre force de dissuasion. Elle nous protégea jusqu'au matin et nous permit de nous rendormir enfin...

Réveillés sur le tard, mais cette fois par un soleil guilleret, nous refîmes, de cloque en clo-

que, sur nos corps et dans la baignoire, le chemin des invasions.

Vers midi nous quittâmes sans regret cet hôtel si accueillant aux insectes diptères, non sans avoir rédigé dans le « livre - des - réclamations - mis - à - la - disposition - de - notre - aimable-clientèle » le récit du combat. Notre protestation ne fut d'ailleurs pas suivie d'effet. Ces livres-mis-à-la-disposition-de-l'aimable-clientèle n'étant jamais que le simple instrument des défoulements rageurs au lendemain des séjours déplaisants. Et d'ailleurs, l'hôtelier ne songeait nullement à chasser ses hôtes indésirables. Les puces, pour fuir les horreurs de la guerre, et sans aucun souci des limites frontalières, avaient trouvé bon de se réfugier en Luxembourg dès 1939; c'était donc en hommage à la qualité de l'accueil reçu et sous la haute protection de l'hôtelier qu'elles y séjournaient encore en 1950!

La joie d'être deux dans un lit – sans puces – ne s'est pas beaucoup renouvelée. Je crois que ce fut grand dommage. Avec ou sans aphaniptères coriaces – ainsi que l'organisateur de la conférence sur « l'univers spatial et sa recherche pragmatique » aurait appelé nos puces –, j'aurais tant aimé y revenir pour contempler son visage et y prolonger par le silence les gestes de l'amour. Echanger le temps du désir contre celui de la sérénité chaste. Poser ma main comme un appel à la confiance sur son corps, son épaule ou son bras. Eprouver sa chaleur en écoutant battre son cœur.

Mais nous ne vivions pas ensemble.

L'amour est une maladie, tous les poètes l'affirment après en avoir chanté les louanges.

Toutes les maladies affaiblissent. Ma maladie à moi c'était de souffrir chroniquement d'un manque de liberté intérieure.

Je n'étais plus moi-même.

Sur les sommets où elle s'installait avec toute une exigence justifiée... j'aurais dû ne pas craindre de lui faire parfois un croc-en-jambe pour la ramener à notre réalité.

J'aurais dû plus souvent tenter de la rappeler à sa générosité naturelle.

J'aurais dû savoir mieux affronter ses regards, son ironie, ses colères.

J'aurais dû mieux affronter moi aussi ce que j'ai toujours cru être, pour nous deux, comme un nouveau destin.

J'aurais dû, j'aurais dû... j'aurais dû...

J'aurais dû être un autre peut-être.

Aurions-nous alors mieux vécu? Je le crois aujourd'hui où tout est mort. Mais j'en ai été incapable à ces instants-là.

Encombré du sentiment coupable de ne pas lui donner tout de moi, je ne savais plus, parfois, comment la prendre dans mes bras. Je ne disposais plus de la liberté nécessaire...

Nous ne vivions pas ensemble.

Je tenais trop à elle. Et je le lui montrais. Dans la stratégie amoureuse – il ne faut jamais craindre d'y recourir mais ce n'était pas dans ma nature –, on dénonce souvent comme un signe de faiblesse de simples marques de tendresse. Un appel au téléphone après une fâche-

rie, un premier pas dans la direction de l'autre pour chasser les nuages. Combien de fois il m'est arrivé, après nos querelles, de glisser la nuit sous sa porte un petit billet après avoir longuement observé ses fenêtres éclairées.

Je ne partais que quand les lumières s'éteignaient. Je m'étais glissé en elle avec mon petit billet comme je lui aurais tendu la main pour effacer les peines avec des mots. Je m'étais glissé en elle avec mon petit message, comme je me serais glissé en elle dans un lit à deux pour retrouver la paix...

Mais nous ne vivions pas ensemble.

⁂

« Je suis sur la route, quelque part entre toi et moi... »

Posé sur le pare-brise de ma voiture et retenu par la branche des essuie-glaces, il y avait un petit papier soigneusement plié avec ces mots-là : « Je suis sur la route, quelque part entre toi et moi... »

Je partais ce matin-là pour un long reportage à Bruxelles.

Nous nous étions quittés la veille au soir, très tard.

Elle m'avait donc suivi dans la nuit, malgré le froid.

Ou bien elle s'était levée à l'aube pour déposer ce message, comme un murmure et comme un viatique tout au long de mon chemin.

Comment n'aurais-je pas été captif de telles

raretés? C'était si joliment « elle », ce message et la manière de me le confier.

« Je suis sur la route quelque part entre toi et moi... »

Ce petit billet n'a cessé de danser dans ma tête, comme l'expression de sa tendresse singulière et le secours de sa pensée enfuie.

Mais elle m'a trop longtemps attendu sur cette route « entre elle et moi... »

Je ne l'ai pas compris.

Nous ne vivions pas ensemble.

⁂

– Marcel?

– ... Oui...?

Bertier décrocherait volontiers son téléphone après chaque page de lecture, maintenant. Il en va souvent ainsi des acteurs. Ils éprouvent toujours, à un moment quelconque, le besoin de parler de leur personnage. L'interlocuteur devient alors le repoussoir idéal de leurs doutes, de leurs recherches et de leurs découvertes.

Pour Bertier en cet instant il s'agissait de tout autre chose.

– C'est bizarre... j'ai une impression... bizarre...

– ... Laquelle?

– ... Il m'est arrivé parfois de jouer des rôles... qui avaient une espèce de rapport avec ma vie...

– Ça arrive à tous les acteurs, non?

– Oui, peut-être... ça précède ce qu'on vit... ou bien ça confirme... ce qu'on a vécu... mais là... j'ai vraiment l'impression que quelqu'un marche dans mes traces...

– C'est plutôt bon signe, non?

– Je ne sais pas... mais il y a des coïncidences curieuses... Tu ne sais vraiment pas qui t'a envoyé ce cahier?

– ... Non...

– Et... la lettre non plus?

– Non plus, non...

– Pourquoi rigoles-tu?

– Je ne rigole pas!

– Si... je l'entends!

– C'est ton air intrigué qui m'amuse... C'est tout... Qu'est-ce que tu voulais me dire tout à l'heure au téléphone?...

Marcel aussi a l'air bizarre. Bertier se demande ce qui l'amuse **vraiment.**

– ... J'ai retrouvé des trucs... chez moi...

– Quels trucs?

– Des lettres, des choses qui pourraient te servir éventuellement pour épaissir certains instants, les rendre plus forts... plus crédibles... Dis donc... c'est quoi ta surprise?

– Ha, ha, ha...! Tu es vraiment comme les gosses, toi! Mais si je te le dis... ce ne sera plus une surprise! Allez, remets-toi au travail et... lis jusqu'au bout cette fois-ci... ne t'arrête plus! Courage!

Et Marcel raccroche... en souriant à la personne qui se trouve devant lui.

*
**

J'étais parti pour Bruxelles afin d'interroger quelques témoins sur les réseaux de résistance belge et hollandais. Je devais écrire une série d'articles sur les années sombres de l'occupation allemande. Je ne me doutais pas que j'allais vivre une page d'histoire...

La Belgique n'était pas en fête cette année-là. Le sort de la monarchie était fragile. Un destin injuste semblait s'acharner sur celui qui s'était obstiné à demeurer dans son pays pendant toute la guerre. On refusait au roi Léopold III, déporté d'honneur, de revenir en Belgique. Le monde politique ne lui pardonnait pas d'avoir cessé, en 1940, un combat impossible. Il était pourtant historiquement démontré que le roi avait tout fait pour prévenir les Alliés et que l'héroïque combat de l'armée belge avait permis le repli du corps expéditionnaire anglais à Dunkerque – ce Dunkerque où j'avais failli laisser ma peau, à quarante-cinq ans –, mais le monde politique avait besoin de faire oublier ses propres erreurs. Le monde politique avait besoin de se disculper. Un seul homme, Antony Eden, avait pourtant dès juin 1941 écrit : « Le roi Léopold, dans sa position de prisonnier de guerre, incarne à nouveau, avec une ferme dignité, l'esprit de résistance qui inspire la nation belge. »

Cette déclaration du Premier ministre anglais était bien oubliée, en juillet 1950...

Les voix de la conscience universelle sont parfois étrangement criardes, et parfois étrangement silencieuses selon les êtres, les événements ou l'instant...

Le 22 juillet, après un référendum où il a été appelé par 58 % des votes à revenir dans sa patrie, le roi Léopold III rentre en Belgique. Accueilli à Laeken, la résidence royale, il ne résiste pas aux premières mesures de l'hymne national. La petite histoire retiendra que l'on a vu pleurer un roi.

Mais tous ceux qui ont besoin de faire oublier leur rôle pendant la guerre reprennent les armes. Des émeutes, spontanées, comme on sait si bien les organiser un peu partout, selon les besoins, éclatent. Ensanglantant la Belgique.

Pour éviter la guerre civile, le roi renonce. Dix jours plus tard, il abdique.

Ce sont ces dix jours-là que j'ai vécus loin d'elle, en Belgique. Pour ces deux raisons-là, ce furent dix jours difficiles.

Avec le temps, je garde le sentiment qu'un pays que j'aime – ses racines, à elle, en étaient si proches – s'est privé d'un père...

Pourquoi les nations, comme les hommes, n'en auraient-elles pas besoin?

– Quand elles en sont privées... elles s'inventent bien un tonton! se dit Bertier.

Un Bertier qui se sent de nouveau... tout drôle...

Et voici pourquoi.

Fabrice Bertier a connu, en 1966, au cours d'une réception intime d'écrivains et d'artistes français, celui qu'on appelait alors l' « ex-roi Léopold ». C'était au cours d'un déjeuner chez des amis communs, au lendemain de la présentation d'un de ses films à Bruxelles. En lisant ces lignes, Bertier se rappelle encore l'impression profonde qu'il avait gardée de cette rencontre. Il se rappelle le regard de cet homme. Un regard de lumière. Un regard dans lequel le monde, hostile ou indifférent, aurait pu lire, sans aucun risque d'erreur, une vérité simple : la bonté.

Un sourire très doux éclairait un visage sur lequel le Destin semblait avoir laissé sa trace.

Au cours de la promenade d'après déjeuner, les invités avaient aperçu, au loin, dans la forêt qui prolongeait le parc, une harde de cerfs qui y vivaient en paix, tranquilles et rassurés.

En regardant ce roi au charme singulier, aux yeux bleus si extraordinairement purs dans cet après-midi d'automne, observant les cerfs arrêtés dans leur course, redressés de toute la hauteur de leurs bois, comme en attente, sentant la présence redoutée des hommes, Bertier – acteur, homme de cinéma – avait regretté de ne pas avoir de caméra pour fixer cette image : la rencontre insolite de ces animaux libres et de cet homme – ce roi – prisonnier de la fatalité.

Cet homme à la silhouette longue, élégante, à la démarche mesurée, presque timide, comme si l'habitude lui était venue de parcourir avec prudence les galeries sombres de l'histoire.

La promenade continua...

A présent ce roi s'est tu. A jamais.
Laissant parler les autres.

*
**

Fabrice Bertier reprend sa lecture. Avec toujours à l'esprit cette impression étrange...

Il n'est pas au bout de ses surprises.

Elle m'appelait « le fou ». Et fou, je l'étais. D'elle.

Elle m'appelait « le fou », et dans son regard c'était ravissant à lire.

Elle m'appelait « le fou » en se réfugiant contre ma poitrine, la tête nichée au creux de mon épaule, comme au premier soir d'Amsterdam.

– C'est ma place.

Elle m'appelait « le fou » parce que, partout où son travail la réclamait, je m'efforçais, négligeant le mien, de la rejoindre pour vivre des heures à nous. En ai-je parcouru des kilomètres!

Elle m'appelait « le fou » car, craignant toujours quelque accident, elle ne se rassurait qu'en me voyant arriver sain et sauf.

– Voilà « le fou »!

Et son regard était alors si joli...

Elle m'appelait « le fou » car bien souvent mon arrivée était une surprise qu'elle n'attendait pas.

Elle m'appelait « le fou » en me souriant,

tendre et heureuse, car à ces instants-là nous l'étions tous les deux.

Elle m'appelait « le fou » parce que je l'étais. D'elle.

Une nuit où j'ai voulu la rejoindre comme nous l'avions prévu, cette nuit-là elle a failli ne plus jamais m'appeler « le fou ».

Par grâce, elle n'en a jamais rien su.

Je venais de parcourir plus de cent kilomètres de route enneigée. A l'entrée d'un village j'ai abordé un peu trop vite un virage inattendu qui précédait un pont. Je me suis retrouvé en dérapage « non contrôlé » sur ce pont, affreusement verglacé, comme Charlot patineur, *en déséquilibre sur un pied. A cette différence près que, moi, j'étais sur deux pneus, en voiture, non pas au cinéma!*

Les dieux m'accompagnaient sûrement (ou plus modestement mon ange gardien), car aujourd'hui encore j'ignore comment je m'en suis sorti et comment nous n'avons pas, ma voiture et moi, plongé dans la rivière noire et glacée qui coulait traîtreusement sous le pont.

Les miracles ne se renouvelant pas, j'ai remercié les dieux (et mon ange gardien), j'ai repris mon souffle, ma voiture en main, et d'une allure plus modérée j'ai continué mon chemin afin que « le fou » arrive en entier et en ligne droite au château de sa reine endormie.

Précédé dans la dernière demi-heure par des chasse-neige qui, tels de lourds éléphants, accomplissaient leur petit ballet et m'ouvraient de leur lenteur horripilante mais protectrice le chemin du dernier col, je suis arrivé enfin au petit hôtel de montagne où nous devions nous retrouver. Ouf!

Comme tous les petits hôtels de montagne, noirs de sommeil à trois heures du matin, il était sagement endormi dans le silence ouaté de cette nuit d'hiver. Seuls les petits cœurs des volets clos paraissaient m'adresser un signe d'amitié, comme s'ils étaient heureux, eux aussi, de me voir arriver enfin.

La porte de l'hôtel était ouverte car en ce temps-là on ne craignait guère les mauvaises surprises et les visites inopportunes.

L'amour guidant mes pas, j'ai réussi à découvrir la lumière et la chambre 22 par elle annoncée.

Miracle! Elle a réussi, elle, à ouvrir la moitié d'un œil, bien qu'elle eût un sommeil de patriarche. Elle a même réussi à me dire un mot d'une voix d'enfant. Celle, bêtifiante, que les amoureux prennent volontiers quel que soit leur âge, quand le bonheur les rassemble et qu'ils tiennent à affirmer leur félicité jusque dans les propos banals, en se parlant comme si chacun d'eux avait quatre ans.

– Oh! t'as été long!

Moi qui, par excès de vitesse, venait d'échapper à la mort!

Après quoi, épuisée sans doute par cet effort démesuré et ayant estimé que cette phrase de bienvenue était suffisamment accueillante, elle s'est rendormie. Je me suis donc déshabillé à tâtons dans le noir afin qu'une lumière intempestive ne vienne pas troubler son sommeil. Et malgré trois cents kilomètres de route enneigée, la mort un instant entrevue entre un virage, une rivière et un pont verglacé, je jure que je souriais. Car dans le petit espace d'un double rideau que j'avais entrouvert, un rayon de lune s'était glissé pour se poser sur elle et je la voyais dormir, paisible et rose. Comme elle avait du charme! Et pourtant les rêveries les plus folles avaient accompagné ma dernière demi-heure, au rythme lent des chasse-neige. Je l'avais espérée si inquiète et si éveillée...

Je me suis consolé en la regardant dormir, de longues minutes...

Elle ne m'entendait pas. J'ai pu alors lui parler dans la paix de la nuit.

« Tu ne crois pas que, pour les heures d'exception comme celles que nous vivons si souvent, on pourrait accepter, sans colère, les heures de doute ou d'amertume?

Tu ne crois pas qu'on pourrait accepter d'en payer le prix sans déchirures?

Tu ne crois pas qu'on pourrait essayer d'être un peu plus prodigues de nos propres richesses?

On n'est riche qu'autant qu'on peut donner.

Si tu savais à quel point je m'interroge sur le sens de ma vie.

Si tu savais comme je me juge et comme je me condamne.

Si tu savais comme je crains l'avenir. Et comme je retrouve sans cesse les exigences froides de la raison.

Si tu savais, comme je le sais, à quel point

mes comptes à rendre seront lourds d'avoir voulu tant assumer.

Si tu savais, comme je le sais, que le châtiment est en moi, permanent, immanent, et que je continue cependant à vivre ainsi, malgré tout, dans cette menace et ce désordre en moi.

J'ai besoin de partager ma peur. J'ai besoin d'être cru. J'ai besoin de cette délivrance que ta confiance seule peut m'apporter. »

Je me suis couché dans l'autre petit lit de cette chambre qui en comportait deux. Après avoir refermé avec soin les rideaux afin que le rayon de lune, devenu rayon de soleil au petit matin, ne la réveille pas.

Et je me suis endormi, emportant comme d'habitude toutes mes questions, tous mes appels, dans le néant provisoire du sommeil.

Elle m'appelait « le fou ». Et fou, je l'étais. D'elle.

J'étais arrivé dans la nuit, ce vendredi de novembre-là. Et tandis que nous vivions depuis deux jours dans l'indifférence heureuse « des amants qui s'aiment », une tragédie horrible se déroulait dans la montagne. Un avion de ligne s'était écrasé sur le sommet du mont Blanc, avec cinquante passagers à bord et l'équipage.

Là-haut le vent soufflait en rafales à plus de cent quarante kilomètres à l'heure. La température atteignait moins quarante degrés!

Et pourtant, de Chamonix et de Saint-Gervais des hommes étaient aussitôt partis.

Ils étaient partis sans même avoir l'espoir de retrouver des survivants.

Qui, sans équipement spécial, aurait pu résister à de pareilles conditions?

Néanmoins des hommes étaient partis. Au secours d'autres hommes.

Pour accomplir simplement ce qui pour eux n'était qu'une formalité simple et ne leur posait aucune question : leur devoir.

Ce devoir que moi je ne respectais plus.

L'un d'eux ne devait jamais plus revenir...

Emporté dès les premières heures par une avalanche, il n'avait pas été retrouvé. La montagne le gardait pour l'éternité comme un otage qui lui était dû.

Il s'appelait René Payot. Il faisait partie de « ceux de Chamonix ».

Et les autres avaient continué.

Ils avaient continué malgré leur désespoir.

Ils avaient continué une progression qu'ils savaient inutile pour tenter de sauver d'autres hommes, malgré leur chagrin de n'avoir pu sauver celui-là.

Ils avaient continué parce que – capable du meilleur comme du pire – l'homme n'abandonne jamais.

Ils avaient continué parce qu'ils savaient que le véritable enfer, c'est de n'avoir plus d'espérance.

Après plus de trente heures d'efforts, ils étaient arrivés près de l'avion. Pour découvrir des morts.

Ils n'avaient pu qu'esquisser un signe de croix devant des cadavres gelés.

Ils étaient alors redescendus, rapportant simplement le courrier.

Dans le petit bistrot où nous déjeunions ce dimanche de novembre-là, elle et moi, la mort semblait rôder entre les tables. Les visages étaient graves, durs, fermés.

⁂

Quelques mois plus tard, le fils de mon frère, mon neveu, Michel, s'est engagé pour la Corée.

– Ah! ça, c'est extraordinaire. Non... mais, c'est pas vrai!

En deux exclamations, l'une pensée, l'autre exprimée à voix haute, Bertier vient de constater qu'il n'est pas au bout de ses surprises.

Ce n'est pas le drame du mont Blanc qui le fait ainsi réagir. Bien qu'il en ait mesuré à la fois la grandeur et l'atrocité. Bertier s'est renversé sur son fauteuil au risque de perdre l'équilibre. Ce qui d'ailleurs lui arrive parfois.

La nuit commence à tomber. L'atmosphère soudain s'est alourdie.

– Pierre! La Corée... Mais, bon sang... qui a écrit ce cahier?

Le 25 juin 1950, à l'aube, la guerre avait éclaté en Corée. Entre le Nord et le Sud. Fabrice Bertier avait une raison précise de se le rappeler. La situation devient rapidement si grave que le monde, stupéfait, redoute soudain une troisième guerre mondiale. Une nouvelle grande peur s'installe et pour longtemps : la peur atomique.

L'Amérique, l'Europe s'en mêlent. Et même le Japon, qu'il est question, un instant, de réarmer malgré le traité de 1945 qui l'en empêche. Le général MacArthur, celui qui a reçu la capitulation des Japonais en 1945, est désigné pour conduire les opérations militaires.

Un bataillon de volontaires français est constitué.

Pierre, le jeune frère de Fabrice Bertier, s'y engage. Malgré les supplications de Bertier.

Et voilà que le cahier parle également d'un neveu, Michel, s'engageant pour la Corée?...

Bertier parcourt rapidement le chapitre.

Il y est question des premiers succès nord-coréens. Puis de la contre-offensive américaine. Un aller-retour atroce qui se développe en quelques mois au prix d'une lutte à mort.

Le triomphe de l'inutile, derrière lequel se profile l'ombre gigantesque de la Chine. Chacun ayant mis toute sa jeunesse, sa force et sa foi dans cet élan généreux pour la défense de son univers : le monde libre et... l'autre!

– La défense du monde libre! Ah! tu parles!

La vérité, pour Fabrice Bertier, est plus réaliste. C'est à cause d'une déception sentimentale, dont il ne se remettait pas, que son jeune frère, Pierre, s'est engagé, « casoar et gants blancs », dans le bataillon français. Bertier est le seul à savoir. Il n'a jamais rien révélé. A personne. Pas même à son père. Pour tout le monde, Pierre est un héros. C'est vrai d'ailleurs,

Pierre est un héros. Seul le point de départ diffère. Le cahier disait encore :

La destruction systématique des installations industrielles le long de ses côtes pourrait provoquer l'effondrement durable de la puissance chinoise, estime le général MacArthur. Ce ne doit pas être alors le sens de la politique américaine, car il reçoit illico du président Truman une lettre de renvoi.

C'était vrai, ça aussi. Bertier se rappelle parfaitement cette disgrâce. En six lignes!

La fin du chapitre ne lui révéla rien.

Elle disait simplement :

La vérité d'un jour peut être l'erreur fatale du lendemain. Mais je crains que la misère et la faim ne continuent à régner longtemps en Asie.

Et plus loin encore, l'homme du cahier s'interrogeait soudain avec violence. Car son neveu était revenu. Avec les deux jambes coupées. Condamné à vivre dans une petite voiture.

Il avait sauté sur une mine.

Quel est le sens du mot défaite? Quel est le sens du mot victoire? Toutes les guerres aboutissent à une défaite. Celle de l'homme. Il faut que la jeunesse le sache. Il faut qu'elle sache que des assassins tirent les fils des marionnettes. Que des assassins exploitent sa force naturelle : la générosité!

Qui se rappelle encore cette phrase de Kipling gravée sur la tombe d'un soldat anglais qui repose éternellement aux Indes?

« Nous sommes morts parce que nos pères nous ont menti. »

*
**

Bertier tourna son regard vers le mur, à droite de la fenêtre de son bureau...

La neige s'était remise à tomber à gros flocons, comme si l'hiver, pleurant quelque chose ou quelqu'un, voulait soudain déposer sur le sol une mince couverture blanche, tel le linceul d'une noce funèbre.

Accroché au mur, à droite de la fenêtre du bureau, Bertier regardait un petit cadre.

En s'approchant, on pouvait voir qu'il ne s'agissait ni d'une gravure, ni d'une peinture.

C'était une lettre, sous verre. Une lettre de son frère Pierre...

« A part cela, je vais bien. C'est dur. Mais je vais bien. Le bataillon se comporte épatamment. Tout est bien organisé. Quel matériel ! Hélas, il y a déjà pas mal de copains écartés du jeu. Mais moi je suis en pleine forme. Si tu vois Nicole, dis-le-lui, ça la consolera ! Je t'embrasse de toutes mes forces. J'espère que tes nouveaux bouquins vont faire un malheur ! J'écris de la même plume à papa.

Salut Totor ! »

Cette lettre de son frère Pierre, accrochée sur le mur de son bureau, était la dernière que Fabrice Bertier avait reçue de lui.

Pierre n'avait jamais eu le temps d'écrire « de la même plume à papa »...

Il était mort là-bas, Pierre. Il ne reviendrait jamais plus de cette terre des matins calmes.

Il avait vingt-deux ans.

Bertier avait puisé dans cette mort une part de son amertume et de sa dureté, et de son mépris pour l'univers. Et c'est dans cet état qu'il avait alors rencontré Madame numéro deux.

– Quand je pense qu'ils ont fini par signer l'armistice dans un bordel!

– Bon Dieu... quel gâchis!

Bertier se leva. La Vittel-Hépar (la-seule-qui... etc.) lui prouvait une fois encore son efficacité. Il céda donc à une exigence pressante. Et tout en constatant que sa prostate commençait à le taquiner et qu'il lui était devenu nécessaire de se montrer plus patient au cours de cette opération délicate, il se laissa aller en outre à son innocente manie des citations. Petit travers commun aux acteurs sexagénaires qui ont encore de la mémoire. Et puis enfin... Bertier avait été baptisé « VICTOR »...

> « Et cela pour des altesses
> Qui, vous à peine enterré,
> Se feront des politesses
> Pendant que vous pourrirez... »

Est-ce le « salut Totor » de la lettre qui lui faisait ainsi penser aux morts que saluait Hugo? Je ne sais pas. Mais Bertier, lui, sait bien que plus du tiers de ce bataillon français, de ces jeunes hommes qui croyaient à un rêve de paix et de liberté, avaient donné leur vie là-bas. Rejoignant ainsi l'immense cohorte de tous ceux qui, depuis que le monde est monde, ont donné la leur afin que chantent, un jour, des lendemains plus beaux.

Fabrice Bertier retrouve avec la nuit une part de sa sérénité.

Il reprend rapidement sa lecture.

C'était une longue série d'interrogations.

Elles ne lui permirent pas de répondre aux siennes.

Faut-il modifier ou réprimer sa véritable nature pour répondre mieux à l'exigence de l'autre? Se fondre et devenir un seul?

On n'y réussit qu'un temps. On en retire même le sentiment mélancolique ou amer de l'égoïsme de l'autre qui, lui, ne semble pas avoir les mêmes soucis. J'ai beaucoup concédé à son exigence. Beaucoup plus qu'elle ne l'a cru. Beaucoup plus même qu'elle n'en a ressenti les effets.

Mais je sais qu'elle en a pensé tout autant d'elle-même.

J'ai provoqué autour de moi des humiliations, des retraits, qu'elle n'a jamais connus puisqu'elle vivait seule. Je me suis souvent soumis à une volonté qui n'était pas la mienne. A une logique qui ne m'appartenait pas, refusant aux miens ce qu'ils attendaient de moi.

Je me suis senti prisonnier de ma faiblesse et de cette logique. Car tout était logique. Tout a toujours été logique. Mes démissions, mes stra-

tégies pour éviter les chagrins m'apparaissaient comme autant de lâchetés. Autant de trahisons envers chacun. Aussi bien dans les gestes, dans les attitudes, ou dans les mots. A elle aussi.

J'étais le démissionnaire et je le savais.

Elle a toujours attendu de moi la seule concession qui lui importait. Ne plus avoir d'existence réelle avec ceux – et avec celle – auprès de qui je continuais à vivre.

Tel saint François d'Assise se dépouillant de tous ses vêtements devant ses parents sur la place du village, j'aurais dû rejeter à jamais tous les bagages de ma vie précédente et les enfouir dans un coffre de plomb. Y enfermer aussi les êtres. Me dépouiller de tous mes sentiments passés.

Je n'en avais plus ni l'âge ni la jeunesse.

Comment faire comprendre que les images, les souvenirs ne se balaient pas aussi vite que les feuilles mortes? Et les êtres non plus.

Comment faire comprendre qu'accumulées par le temps ce sont des racines qui ne s'arrachent pas sans danger?

Les arracher, c'est s'arracher soi-même.

Je l'ai tenté, si j'ose dire, avec loyauté, pendant quelque temps. Mais mon amour était profane et je n'étais pas un saint.

Elle, de son côté, affranchie peut-être par le veuvage, mais surtout éprise, par nature, de liberté, refusait toute dépendance conjugale, les servitudes du couple, et surtout la tyrannie du quotidien.

– Quelle horreur! Il tue l'amour!

Souvenir du passé? Je ne l'ai jamais ques-

tionnée à ce sujet. Non plus qu'à d'autres d'ailleurs.

Elle ne voulait vivre que d'« exceptionnel ». Nos rencontres lui suffisaient. Elle le reconnaissait elle-même. Et il est bien vrai que nos rencontres étaient souvent une fête. Mais elle ne m'accueillait pas.

– Pas de cohabitation!

Je suis donc resté chez moi.

Je ne savais pas encore – elle non plus sans doute – que nous nous demandions l'impossible.

Comment vivre un face-à-face glacé avec un être qui n'avait, somme toute, jamais été cause d'aucun drame dans ma vie?

Qui n'était en rien responsable de mon départ et de ma « mouvance »? Comment rester insensible, jour après jour, heure après heure, à une interrogation muette, une angoisse ou un désespoir? Comment se transformer d'un coup de baguette, en quelque sorte magique, en voyageur indifférent pour hôtel de passage? Même si, au début, j'ai voulu en manifester les signes, même si un état d'âme nouveau me l'a permis, il me fut impossible de conserver avec le temps cette réserve marmoréenne qu'elle me souhaitait, sans que quelque chose – ou quelqu'un – vienne bousculer ma volonté de détachement. Sans qu'un événement vienne frapper à ma porte. Brutalement quelquefois.

Cette année-là, Jeanne s'est mariée. Elle venait de vivre des années difficiles. J'avais dû si souvent, alors qu'elle en avait tant besoin, lui apporter un peu d'espérance, de confiance.

Nous en avions gardé ensemble tant de complicité...

Le mariage s'est déroulé loin de Paris.

A l'église, tout respirait le bonheur et le recueillement. J'avais été assailli par les regards, les gentillesses, les « tu te souviens? » de chacun. Il y avait ceux qui savaient. Il y avait ceux qui ignoraient. Tous étaient « mon Passé ». J'aurais souhaité être seul avec Jeanne. Ce n'était pas possible. J'avais le sentiment d'être un imposteur. J'ai reçu le sermon du jeune prêtre comme un rappel à l'ordre. Il y parlait tout naturellement des devoirs de fidélité et des devoirs de protection que l'homme a envers sa femme. Chaque mot cognait en moi comme un reproche. Il me semblait que tous les regards convergeaient vers moi.

Je suis rentré à Paris, très bouleversé.

Quand nous nous sommes retrouvés, elle et moi, elle s'est simplement étonnée de mon absence si longue.

– Pourquoi deux jours?

Pouvais-je alors lui parler de mon émotion? Et pourtant je jure que, même en ces instants-là où j'étais loin d'elle, ma pensée ne l'avait pas quittée autant qu'elle pouvait le craindre. Mon combat restait le même. Hélas, tout ce qui m'attachait encore au passé était pour elle inacceptable. Et elle me le faisait savoir par les mots, le ton, ou les attitudes.

Chacun souffre comme il peut.

Le mal d'amour n'est pas un mal logique.

Où était ma vérité?

Quand je me sentais agressé, de toute une

extraordinaire volonté d'être, par quelqu'un que j'aimais et qui m'aimait, je n'ai pas cru rencontrer la vérité.

Quand chacun joue avec la souffrance de l'autre, en croyant de bonne foi extirper un mal, exorciser des démons anciens, assainir des plaies comme le chat jouerait avec la pelote de laine sans comprendre que chaque coup de griffes arrache si bien les fils que bientôt personne ne pourra plus jouer... peut-on entrevoir la vérité?

La logique aide, dit-on, à la rencontrer. Mais cette sorte de lucidité décapante y mène-t-elle aisément?

Que deviennent alors le rêve, l'imagination, l'espérance? L'espérance contre toute attente, l'imagination folle créatrice de mondes, le rêve contre toute raison.

Les chemins qui mènent à la vérité sont bien encombrés...

Surtout si l'on s'aperçoit, avec le temps, que la vérité a toujours un pied dans le camp adverse.

Et le hasard? Logique divine, dit le poète. Faut-il alors le laisser faire pour aboutir à cette vérité que l'on cherche? Toutes les fois que nous nous sommes quittés, elle et moi, le hasard s'est efforcé comme à plaisir de nous réunir. Comme s'il n'était pas dans notre ordre naturel que nous nous quittions. Etait-ce, là aussi, la logique de Dieu?

Où était-elle, la vérité?

Un autre événement lourd a surgi cette année-là.

Jeanne s'était mariée. La mère de ma femme est morte. L'une allait vers la vie. Une autre la quittait. Comme pour respecter un ordre établi. Cette femme était devenue la mère que je n'avais pas eue. Sa mort me choquait comme une brouille définitive. Elle est partie avec la même discrétion racée, élégante et pudique qu'elle avait su manifester tout au long de sa vie.

Je l'aimais.

Je suis arrivé dans la petite maison de Normandie qu'elle habitait, avec l'espoir de la revoir une dernière fois avant que la mort n'ait accompli son œuvre.

Le prêtre recueillait son ultime confidence.

J'ai attendu dans le petit salon aux meubles bien cirés qui jouxtait sa chambre.

Ma femme était là devant moi. Pouvais-je être indifférent? Je me rappelais l'ancien message de ma mère à mon père en 1913. « Maman n'est plus... Aime-moi. » Ma femme ne m'avait adressé aucun message. Mais elle aussi, à cet instant-là, avait besoin d'aide. Je n'étais pas moi-même en très bon état. Avec des mots banals, nous nous sommes embrassés. Et puis, dans cette pièce basse que seuls éclairaient le feu de bois et la petite lampe de cuivre posée sur la cheminée; dans cette maison où je retrouvais sur les murs des portraits, des images, sur les meubles des objets comme autant d'allusions à ma vie; dans cette maison que le silence, troublé par le seul battement régulier de la pendule, rendait soudain plus mystérieuse, presque inquiétante, comme si le temps l'abandonnait déjà, peu à peu, presque timidement, nous nous sommes parlé, elle et moi. Unis par le chagrin, liés par cette présence étrange que la mort provoque en approchant les êtres, nous avons pleuré ensemble.

Vers dix heures du soir, le prêtre est sorti. Je suis entré dans la chambre, seul.

Dans le lit de campagne à l'édredon épais, boursouflé, j'ai aperçu un petit visage très lisse, très blanc, comme si la mort avait voulu, en un ultime maquillage, couvrir de poudre fine la peau de cette femme toujours si soignée et qui allait quitter la partie.

Elle avait les yeux clos.

Je me suis assis près d'elle. Et je l'ai regardée, longtemps.

J'ai eu envie de poser ma main sur son front, comme pour l'apaiser. Comme pour commencer avec elle une conversation qu'elle n'entendrait pas.

J'éprouvais le besoin insensé, irrésistible, de garder ma main sur son front comme si, en la touchant ainsi, j'avais le pouvoir de l'aider. Comme si j'en avais reçu la mission. Comme si je pouvais la maintenir en vie par le seul contact de ma chaleur à moi. Nous sommes restés ainsi de longues minutes unis l'un à l'autre par la main et par le front. Je ne voulais pas, je ne parvenais pas, à la quitter du regard. Comme si, grâce à elle, à travers ses yeux clos, j'allais pouvoir comprendre le mystère de la mort.

C'était un sentiment d'une force incroyable qui montait en moi à travers ce front, à travers ma main, comme une certitude.

Et soudain elle a ouvert les yeux.

J'ai vu dans son regard que nous étions ensemble.

J'ai vu dans son regard qu'elle voulait me parler. Sa main droite s'est soulevée. Je me suis penché tout près de son visage et j'ai pris sa main dans la mienne, quittant alors son front.

– Elle t'aime, tu sais.

Ce n'était qu'un murmure, un souffle. Mais il était suffisant – ô combien – pour me parvenir.

– Elle t'aime.

Nos yeux seuls se sont répondu.

Savait-elle? Oui, sûrement.

Je crois que, si elle n'avait pas été aussi éloignée déjà, j'aurais pu lui parler. Je crois qu'à défaut de comprendre elle aurait pu m'accueillir. Mais il était si tard déjà... Les dernières minutes de sa vie n'appartenaient qu'à elle. A elle seule.

Nous sommes restés ainsi silencieux, le regard inquiet de l'un dans le regard inquiet de l'autre, main dans la main, dans notre chaleur dernière.

– Je sais.

Ses yeux se sont fermés. Sa main s'est un peu abandonnée...

Dormait-elle?

J'ai appelé ma femme...

De longues heures ont passé. Nous semblions attendre, tous les trois. Le visage était toujours très lisse, très blanc. La nuit s'avançait.

Soudain, pour elle, le Temps s'est arrêté.

Sa poitrine s'est soulevée légèrement. Elle a poussé le long, le très long soupir qui exprime le départ définitif. Il m'a semblé que c'était sans souffrir. Depuis longtemps déjà elle s'était endormie. Il était quatre heures du matin. La petite cloche de l'église toute proche les comptait, comme pour lui dire adieu.

J'avais reçu son dernier message.

Etait-ce le dernier complot d'une mère et de sa fille? Une malice ultime?

Je ne crois pas qu'avant de paraître devant Dieu cette femme, qui croyait en Lui, aurait pu risquer de souiller sa vie éternelle par un mensonge extrême.

J'étais écrasé.

Et pourtant je sais que, même à cette heure-là d'angoisse, de chagrin, de mystère et d'interrogation profonde, je ne suis pas parvenu à oublier qu'un matin de septembre, au bord d'une terrasse, j'avais été heureux en regardant la mer...

Non. Le mal d'amour n'est pas un mal logique.

*
**

– Bizarre! Bizarre, bizarre!

Bertier, qui aurait volontiers à cette heure-ci le

goût d'une petite sieste, sa petite sieste de sept heures du soir, commence à bâiller.

Cette longue lecture le fatigue et même l'abrutit. Trop de concentration nuit! Bertier ne peut jamais travailler longtemps.

Il bâille. Il boit un verre d'eau (Hépar, la-seule-qui...), il allume une cigarette. Il reprendra sa lecture plus tard. Sans fatigue et sans impatience... Il n'est que dix-sept heures cinquante.

Il s'étire.

– Est-ce que le public va m'accepter là-dedans?...

Encore!

– Mais Victor! Non... pardon! Fabrice! lui disait Madame numéro deux, quinze jours auparavant... Cesse de te poser des questions! Si on savait ce que veut le public... personne ne commettrait jamais d'erreur! Or... tout le monde en commet...

Qu'entendait-elle au juste par là?

*
**

Nous étions un jour en montagne. Aux premières heures d'une belle mais froide matinée de printemps. Nous roulions pour rejoindre les vallées tessinoises, en Suisse. Nous avions volé quelques jours de vacances aux environs de Pâques. La traversée austère, sauvage et presque sinistre de ces grands cols alpins l'angoissait. Née dans un petit village proche de Lille, dans le plat pays des Flandres, elle n'était pas habituée au décor grandiose mais oppressant de la montagne. Mais surtout, surtout, elle avait très peur en voiture – ce que j'ignorais encore – quand elle ne conduisait pas! C'est une peur assez courante mais fort agaçante pour celui qui conduit!

J'avais déjà eu droit depuis un certain temps aux « méfie-toi, il y a une voiture en face » et aux « tu as trop confiance dans les autres »... Horripilant!

Soucieuse de conjurer sa peur, elle me reprochait de rouler trop à gauche, ou bien trop à droite, de raser le bas-côté rocheux de trop près.

– Il y a des pierres qu'on ne voit pas!

Tous mes efforts pour la rassurer demeuraient sans effet.

Négligeant ses craintes excessives, je me risquais néanmoins à jeter de temps à autre un coup d'œil furtif sur l'admirable beauté du paysage de givre qui nous environnait. J'écoutais le chant des oiseaux, les premiers-nés de l'année. J'admirais au passage les gerbes mousseuses des cascades qui rebondissaient de toute leur hauteur, transformant les rochers noirs en marbre scintillant, les torrents aux eaux claires qui se bousculaient au fond des vallées entre les fleurs multicolores, au loin le glacier du Rhône, gris et sale, qui soudain devenait rose et bleu sous les coups du soleil...

– Attention!

– A quoi???

Il faut être très attentif à l'emploi du mot « attention » en voiture. Il provoque toujours un choc au cœur de l'automobiliste vigilant et consciencieux. Surtout si cet avertissement n'est pas suivi de la raison concrète de « faire attention ».

« Mon père, gardez-vous à droite; mon père, gardez-vous à gauche », disait son fils Philippe à Jean le Bon! C'était une indication précieuse et précise pour le Papa-Jean qui, lui, avait une armée à conduire!

– Là-bas, un virage.

– A cent mètres.

– Une voiture peut surgir! Regarde au moins la route!

J'avais eu l'imprudence de scruter le glacier, peut-être un peu trop longtemps...

– A l'allure où nous roulons, je m'arrêterais sur place.

– Sur cette patinoire?

– J'ai des chaînes. J'ai eu assez de mal à les installer.

Petite remarque à ce propos : j'ignore si l'avenir permettra d'inventer un jour un système commode pour que les voitures circulent avec grâce et en toute sécurité sur la neige tassée ou sur le verglas, mais je peux affirmer qu'en 1952 le problème n'était pas résolu...

Mettre et défaire ces fameuses chaînes exigeait une compétence qui me dépassait. Pour une fois – l'amour sans doute m'y aidant – j'avais réussi à entourer mes roues. Je tenais donc à amortir ma prouesse! J'avais même souvent eu envie de freiner furtivement pour voir! Mais, par égard pour sa peur, je m'en étais abstenu.

De mauvaise foi (réciproque) en mise en garde, et de mise en garde en mauvaise foi (réciproque), je commençais à sentir ma belle humeur vaciller.

Devant le renouvellement des assauts, j'ai soudain ressenti le besoin de laisser éclater mon agressivité naturelle.

– Si tu as peur, descends!

– Si tu veux. Arrête-toi!

Et elle est descendue de voiture, sans un mot.

Et sans un mot je suis parti, l'abandonnant sur la route.

Je crois que nous étions aussi ahuris l'un que l'autre.

Partir n'est rien. C'est revenir qui est difficile.

Après cinq cents mètres de mâle allégresse, de soulagement et d'autorité retrouvée, je suis revenu la chercher. On revient toujours, dans ces cas-là. Ce n'est pas le moindre péril. Deux virages de scrupule, un demi-tour de remords – auxquels elle n'avait, heureusement, pas assisté, vu les risques inhérents à cette mauvaise route –, je retrouvais ma piétonne... prêt à recueillir sa colère ou son infortune. Mais néanmoins heureux d'avoir pu bénéficier d'un kilomètre de liberté.

J'ai eu droit à un regard de rancune et à un silence réprobateur.. Mais, en l'occurrence, j'en tirais avantage. Même réprobateur... en voiture le silence a du bon! Enfin je pouvais admirer le paysage.

Et puis tout à coup, après quelques minutes

de paix délicieuse, parcourues à la vitesse d'un escargot :

– Je te demande pardon... Je le ferai plus!

De sa voix d'enfant, elle me demandait pardon! O stupeur! Ses yeux verts, devenus soudain plus clairs que l'eau pure des montagnes, me suppliaient, adorablement tendres, de l'absoudre.

J'ai arrêté ma voiture sans même penser que d'autres pouvaient suivre. Je l'ai prise dans mes bras. Et nous avons éclaté de rire ensemble. D'un seul coup la route semblait plus facile, plus belle encore. « Les autres », en face, à droite, à gauche, les bas-côtés rocailleux, la neige et le verglas, plus rien n'existait. Nous étions seuls dans cette beauté à nous. Nous étions seuls dans ce ruissellement de lumière, d'eau et de fleurs que les premières heures du printemps nous offraient. Nous avions retrouvé notre accord.

Aurais-je dû renouveler plus souvent cet exercice d'autorité? Aurais-je dû jouer plus souvent ce jeu de la vie à deux? Elle n'était pas habituée depuis de longues années aux contraintes du jeu conjugal.

Ce jour-là j'avais beaucoup redouté, lors de mes cinq cents mètres retour, une mésentente prolongée. J'avais redouté une de ces phrases qui lui abîmaient tant le regard et laissaient alors monter les vieilles rancunes.

– Ta femme n'a sûrement pas peur en voiture...

Je n'aurais sans doute pas eu la sérénité

nécessaire pour lui répondre calmement que ma femme ne conduisait pas.

Mais ce jour-là il n'y eut pas de petites phrases.

Saint Christophe nous protégeait sûrement.

Le soir, nous avons dormi, heureux, sur les sommets.

Aux Hospices du Grand-Saint-Bernard...

– Amour, Hospices et Alpes...

Pareille réflexion stupide implique que Fabrice Bertier commence visiblement à somnoler sur le cahier. Son esprit s'embrume. Il articule à peine. La sieste de sept heures du soir s'impose manifestement. D'autant qu'il est déjà près de huit heures!

– Bon Dieu! le dîner avec Madame numéro deux.

Bertier allait l'oublier.

Dring!... Dring!...

Le téléphone qui par miracle n'a pas sonné de la journée le rappelle brutalement à la vie. Il n'a pas branché son répondeur.

Merde!

Madame numéro deux a un empêchement de dernière minute. Elle lui propose de remettre le dîner au lendemain. Même heure, même lieu. Pourquoi pas?

– On pourrait se retrouver directement au restaurant...

– Si tu veux...

– Tu as l'air sinistre.

– Non, non! Pas du tout, je... je lisais.

– Les yeux fermés ?
– Hein ? Comment ça, les yeux fermés ?
Madame numéro deux se met à rire.
– Mais je ne t'en veux pas ! Le sommeil est une opinion comme tu dis. Et j'ai l'impression que ta lecture ne te passionne pas beaucoup.
– Si, si... Ce n'est pas cela... C'est un peu particulier... Je... je te raconterai...
– Ça ne va pas ?
– Si, si !
– Bon, alors à demain. Neuf heures, ça te va ?
– Tout à fait. A demain.
– Parfait. Va faire ta sieste !
Madame numéro deux a raccroché. Bertier aussi. Il est ravi au fond. Madame numéro deux a raison. Un petit roupillon de vingt minutes lui fera le plus grand bien. Il s'enfonce des boules Quiès dans les oreilles pour mieux l'assurer. Un masque sur les yeux. Il s'allonge sur le divan. C'est parti pour vingt minutes...
Dring... Dring...
Le téléphone insiste.
– Ah ! merde, qu'est-ce que c'est ?
Bertier s'est réveillé en sursaut. C'est comme ça chaque fois qu'il fait sa sieste. Il oublie de prendre son journal, ou ses lunettes, ou un bouquin. Obligé de se relever chaque fois. Cette fois, il a oublié son répondeur !
Dring ! Dring !
– Allô !
Un peu brutal le « Allô ! » de Bertier.
– C'est toi, mon chéri ?
– Oui !

Toujours brutal le « Oui ! » de Bertier.

– Tu vas bien ?

– Oui !

Bertier n'a pas encore très bien identifié la voix de la correspondante.

– Oh... mais comme tu as l'air en colère !

Bertier ôte ses boules Quiès.

– Ah, c'est toi !

Ouf ! Ça y est.

– Comment ?

La jeune épousée – car c'est elle – est tout de même un peu surprise...

– Ça ne va pas ?

– Si, si, très bien. Je te disais... C'est toi ?

– Je... je te dérange ?

L'intonation trahit une vague inquiétude, du style « Aurais-je eu tort d'aller aux sports d'hiver ? Y aurait-il par hasard une remplaçante intérimaire dans ma couche ? » Même à soixante ans passés, Bertier a encore ses admiratrices, ses « groupies » comme dit Madame numéro trois. Elles ont souvent l'âge de la retraite... mais... attention... méfiance quand même !

– Non, non, pas du tout, je... je travaillais, alors tu sais...

C'est curieux comme l'« artiste » ou le travailleur intellectuel, qui ne travaille pas aux mêmes heures que le manuel, a toujours une grande répugnance à avouer qu'il dort. Même à ses proches.

Bertier n'échappe pas à ce complexe.

– Tu es content ?

– Bof !

– Bof, tu ne l'es jamais... Ça ne te change pas.

– Comment vas-tu, toi?

– Merveilleusement bien. Et le petit aussi...

– Le petit?

Fabrice Bertier est décidément abruti. Mais Madame numéro trois, toute à sa soirée future, n'en a cure.

– Ton fils!

– Ah! oui, ah... tant mieux! c'est bien. Dis donc, mon fils, mon fils, on ne sait pas encore.

– C'est toi qui dis toujours « mon fils ». Tu ne t'ennuies pas trop?

– De qui?

Madame numéro trois a passé outre à la réflexion de Bertier. L'humour, ce n'est pas toujours son style.

– Je dis : tu ne t'ennuies pas?

– Si... bien sûr... ma chérie... de toi!

Hypocrite Bertier! Comme si ce soir tu n'avais pas le projet de...

– Oh! que tu es mignon!

– C'est vrai.

– Oh, oh, oh! je t'adore.

Rien n'est plus émouvant que ces manifestations d'attendrissement spontanées et réciproques d'une jeune épousée et de son mari. Bertier en est bien conscient.

– Et tu as bien raison.

– De quoi?

– De m'adorer.

– Ah! Ha, ha, ha, ha!

Le rire éclate un peu trop aux oreilles débouchées de Bertier. Il éloigne le récepteur.

– Mon chéri, je te quitte, c'était juste un petit bonjour. J'ai un dîner tout à l'heure avec l'école de ski pour la remise des médailles... Il faut que je m'apprête.

Bertier a failli dire « moi aussi », mais, se rappelant que Madame numéro deux vient de se décommander, il transforme le « moi aussi » en :

– Moi aussi j'ai... un scénario à finir, je... je vais travailler ce soir, tard.

– Pauline n'est pas là?

– Non, c'est son jour de...

– Ah oui, c'est vrai! Fais-toi un petit potage... A ton âge, c'est léger... C'est ce qu'il y a de mieux pour bien travailler.

– Dis donc, tu te fous de moi, je n'ai quand même pas quatre-vingt-quinze ans...

– Non, mon chéri, je sais! Je disais cela pour rire.

Et la jeune épousée a mis dans le « je sais » une allégresse gourmande. Elle a pris son ton de voix le plus chaud, le plus grave, style « tu es mon mâle, rââ! » Bertier en ressent illico le chatouillement prometteur.

– Tu me manques, mon bouchon! Ne te fatigue pas trop en travaillant...

– Non, non.

Quelques baisers sonores pour terminer l'entretien, avec en prime la phrase ultime aux sous-entendus voluptueux :

– Je t'embrasse partout-partout.

Chacun raccroche sur cette promesse réciproque d'un avenir enchanteur.

Il est vingt heures quarante.
Bertier n'a pas envie d'être seul.
C'est un acteur célèbre, très célèbre. Il a un carnet d'adresses bien rempli.
Il téléphone à quelques « adresses diverses ». Mais l'heure n'est pas favorable à la présence de ses « adresses diverses ». Pas de réponse à leur domicile respectif... C'est décembre... Les « adresses diverses » sont toutes aux sports d'hiver. Ou déjà en main. Condamné à la solitude, Bertier décide d'aller dîner au petit bistrot en bas de chez lui. On ne sait jamais. Il y rencontrera peut-être une divine créature qui lui parlera de sa fuite dans la salle de bains ou de sa crainte de traverser Paris par ce temps froid...
Le voilà de nouveau un peu brumeux, Bertier, ce soir, à vingt heures quarante. Ça l'agace que Madame numéro deux se soit décommandée. Il n'aime pas être ainsi déprogrammé.

A part une andouillette grillée exquise et un millefeuille d'une fraîcheur admirable, Bertier n'a pas eu la joie de rencontrer au petit bistrot d'à côté la jeune femme blonde – ou brune – qui, soudain affolée, l'aurait appelé au secours pour réparer sa fuite dans la salle de bains. Ou pour la raccompagner car seule à cette heure-ci, sans voiture, par une nuit si noire, dans les rues dangereuses et enneigées d'un Paris froid et nocturne... on peut craindre les mauvaises rencontres...

Il a prolongé l'espoir avec un digestif « offert par la maison » – Mais si, monsieur Bertier ! – et un cigare admirable : Monterrey « Claro Claro »...

Le petit bistrot était désert. Ou presque. Il attendait, ce 28 décembre-là, dans les parures « cucul » de la fête imminente, la clientèle du 31 ! Pas de chance ! Monsieur Bertier, il faudra revenir l'année prochaine !

Fabrice Bertier est donc rentré chez lui très vite. Il est vingt-deux heures trente. Cette fois, il a mis son répondeur téléphonique avant de partir, au cas où Marcel aurait appelé. C'est la raison pour laquelle il aperçoit la petite lumière rouge indiquant qu'il a reçu des communications.

– Papa... c'est moi... Tu es là?...

Le répondeur de Bertier permet d'écouter le correspondant. Donc « d'être là » ou pas, suivant la qualité ou l'intérêt de l'interlocuteur « chronophage ».

– Tu n'es pas là... Tant pis... Quand tu pourras... appelle-moi.

C'est Brigitte. La fille de Bertier. Elle a une drôle de voix. Bertier a eu même un peu de mal à la reconnaître. Il est vrai qu'ils se téléphonent si peu.

– Qu'est-ce qui lui arrive, à celle-là?...

Il y a plus de six mois qu'il n'a pas entendu parler d'elle... Il cherche le numéro de Brigitte dans son carnet. Il ne le sait pas par cœur. Il le compose.

« Vous êtes bien au 20 04... »

Zut, c'est un répondeur !

« Je suis absente pour le moment mais vous pouvez laisser un message... »

Ce que Bertier fait, presque soulagé...

– C'est ton père. Tu m'as appelé. Je t'appelle. Il est... onze heures moins vingt-cinq... Tu n'es pas là. Alors... rappelle-moi quand tu veux. Mais pas ce soir. Je suis fatigué. Je vais me coucher. Je dois me lever très tôt demain matin... Je t'embrasse.

Et Bertier raccroche. Et c'est vrai qu'il est fatigué, Bertier. Peut-être est-ce la lecture? Ou l'andouillette?

Toujours un peu lourd, le soir, une andouillette, monsieur Bertier! Même grillée.

Ou bien encore le millefeuille? Ou bien aussi le marc de gewurztraminer?

Et Bertier va se coucher... Un peu cafardeux. Pourquoi? Sans raison.

Mais il y a des soirs comme ça...

Bertier est au lit. Les pieds à l'ouest... la tête à l'est.

Au lit, il lit. Un magazine. Pour s'endormir.

C'est un article sur Margaret Mitchell. On va célébrer l'anniversaire de sa mort... l'année prochaine, en 1989!

– Tiens! Elle aussi...

Soudain, seul dans la nuit, Bertier pousse un cri.

Et quand je dis un cri...

A quoi bon vous le préciser? Vous en connaissez les vertus.

– Oh! merde...

Bertier découvre qu'en auteur consciencieux

Margaret Mitchell a recommencé soixante et onze fois son premier chapitre d'*Autant en emporte le vent*!

– Dire qu'on me reproche à moi d'être perfectionniste!

Dès lors, Bertier comprend – ce que l'article révèle – qu'elle n'ait écrit qu'un seul bouquin!

Encouragé par cet exemple prestigieux, Bertier décide *in petto* que, dès le lendemain matin, il téléphonera à Marcel le résultat de son érudition nocturne!

– Je vais être sévère pour le scénario!

Et quand Bertier se montre exigeant...

TROISIÈME PARTIE

29 décembre. Matin.

Bertier n'a pas tenu ses promesses de la nuit. Il n'a pas appelé Marcel.

Il préfère achever d'abord la lecture du cahier.

Il est dans son bureau.

Réveillé très tôt, il a écouté un nouveau message de Brigitte sur son répondeur. Un message qui s'est enregistré alors qu'il était dans son bain. Il n'a pas entendu la sonnerie du téléphone. Il a rappelé aussitôt Brigitte. Mais Brigitte n'était plus chez elle. Elle n'avait pas branché son répondeur. Bertier a laissé sonner une quinzaine de fois. Il n'y avait à l'évidence personne chez Brigitte. Ni elle. Ni Paul, son compagnon.

Ça l'intrigue un peu ces deux appels de Brigitte. C'est si peu courant de sa part.

Après un petit déjeuner succinct, Bertier s'est replongé dans le cahier. Avec d'autant plus d'ardeur qu'il a remarqué, en feuilletant les pages, que la fin était proche.

Jusqu'à présent, il a eu la loyauté de ne pas

aller voir comment ça finissait. Il continue à lire dans l'ordre. Suivant le conseil de Marcel.

– Je profite des vacances scolaires des enfants. Tu ne peux pas savoir comme c'est amusant de manger en trois minutes un morceau de fromage sur un coin de table et de retourner encore plus vite au travail. Quelle paix! Je suis seule. Je suis bien.

Cette confidence au hasard de nos bavardages m'avait ému. Je n'avais pas cru à l'amusant de cette solitude-là. Je n'avais pas cru à ce bonheur de vivre seule cette paix-là. Je ne pouvais pas accepter, pour elle, l'idée de cette vie de cénobite à trente-huit ans.

Comme je me trompais...

C'est toujours une erreur de juger les autres comme s'ils étaient nous-mêmes. Ils sont eux. Pas nous. Combien de fois l'ai-je pensé au cours de ces années.

Moi, cet instant de vacances-là, je l'avais passé chez moi. Mais je n'avais rien osé dire. Car, même en préférant les vivre seule, en paix avec son travail et son morceau de fromage, elle n'aurait pas appris sans chagrin que je l'avais vécu, moi, auprès de « mes autres ».

Avec le temps, malgré les heurts et les malentendus, nous commencions pourtant à ne plus pouvoir nous passer l'un de l'autre...

Tout prenait entre nous, d'année en année, une importance qui – je me dois de le reconnaître – me faisait peur. Les joies comme les agressions. Je me sentais de plus en plus obligé d'abandonner, de sacrifier ma vie passée et ceux qui la composaient.

Des amis nouveaux nous unissaient. Des amis anciens s'interrogeaient.

Vers qui devaient-ils aller?

Cet équilibre si difficile entre elle et moi – je devrais dire entre moi et moi – devait un jour se rompre fatalement. J'essayais cependant de le préserver. J'essayais de vivre entre deux univers. Même si le prix à payer était parfois au-dessus de mes forces. Je luttais avec acharnement, montant et descendant tel le ludion dans son eau, suivant les heures, les humeurs et les accords de chacun.

J'ai perdu un jour, définitivement.

Un Noël de travail qu'elle avait passé seule.

Un Noël qu'elle avait vécu en paix, heureuse de dessiner les plans d'une cité nouvelle au Brésil dont, plus tard, j'apprendrais l'existence. Beaucoup plus tard...

Un Noël « amusant » qu'elle avait passé seule en mangeant peut-être, sur un coin de table, en trois minutes, un morceau de fromage...

Un Noël que j'avais voulu passer avec les miens car je sentais qu'ils en avaient tous le plus grand besoin.

J'avais encore en tête le petit mot que ma fille Jeanne m'avait adressé l'année précédente. Une année qu'elle avait très mal vécue.

« Cher papa.

Voici une toute petite pensée...

Je crois que nous sommes tous mélancoliques.

Cette année a été ratée, gâchée, perdue, douloureuse.

Que 1952 t'apporte, vous apporte et nous apporte des solutions, des espoirs, des joies, des enthousiasmes, tout autant que du travail et de la tendresse.

Comme il est facile de t'écrire tout cela.

Comme il est difficile de te le dire...

Je t'embrasse de tout mon cœur. »

J'avais été bouleversé en recevant ce petit mot.

Je l'étais encore un an plus tard en y pensant.

Je m'étais fait un devoir de répondre à cette attente.

Des solutions? Des joies? Qui les demandait? **Tous.**

Comment pouvais-je y faire face?

Une seule solution : mentir...

Je me suis inventé, loin de Paris, en Tunisie, une obligation professionnelle. Les communications téléphoniques entre l'Afrique du Nord et la France étaient très compliquées. Nous avions décidé de vivre ces cinq jours-là sans chercher à nous joindre.

Nous avons passé ensemble une merveilleuse soirée le 22 décembre.

Une soirée sereine, tendre. Une soirée exquise de complicité, de rires. Comme nous savions nous en accorder.

Je ne savais pas que c'était la dernière...

Il existe une dernière fois, un dernier regard, une dernière heure.

On ignore que c'est une dernière fois.

Tout comme on ignore l'heure du dernier souffle.

Je crois que nous étions très loin de penser, ce 22 décembre-là, que nous étions heureux pour la dernière fois.

Il n'y avait aucune raison quand je lui ai dit « au revoir » de croire à un dernier regard, à un dernier sourire.

J'avais bien au cœur ce dégoût, cette honte de chaque fois, et la peur de chaque fois. Honte de lui mentir. Peur qu'elle ne l'apprenne. Dégoût de moi.

Mais j'avais, je crois, pris toutes « les précautions » nécessaires...

Avant que sa porte ne se referme, dans cet entrebâillement étroit, nous avons échangé un regard heureux. Heureux d'avoir vécu ensemble ce 22 décembre-là...

L'accident s'est produit. Cinq jours plus tard.

A mon retour de ce faux voyage, je lui ai téléphoné.

Je n'ai pas obtenu de réponse.

J'ai recommencé une heure plus tard, sans résultat.

Puis le soir, puis la nuit. Rien. Personne.

Je suis allé chez elle. J'ai sonné. Personne n'a ouvert. Elle était donc absente? Où était-elle?

J'ai eu peur. Pour elle. Pour ses enfants.

Peur que quelque chose d'insolite ne lui soit arrivé.

Peur qu'un accident quelconque ne soit survenu. Sait-on pourquoi on a peur parfois? Mais jamais je n'ai ressenti, comme cette fois-là, combien l'expression « peur au ventre » est juste, vraie.

J'ai vécu le lendemain le même silence intolérable. Jusqu'au soir. Dans l'après-midi, un petit paquet a été déposé chez moi par le livreur d'un grand magasin. Un magasin où j'étais allé une fois avec elle. Une fois aussi sans elle!

Un magasin dont le directeur était – ce que j'ignorais – le père d'un camarade de jeux de son fils!

Le petit paquet contenait un bracelet-montre. Accompagné d'un mot : « Pour toi. »

Je l'ai appelée une fois encore. Il était six heures du soir. Le 28 décembre...

– Allô!

Elle était là. Enfin!

Elle m'a laissé parler, la remercier. Elle ne disait rien. Puis, tout à coup, au détour d'une phrase...

– Et ton voyage?

– ... Mon voyage...?

– Oui.

– ... Tout s'est bien passé.

Que pouvais-je dire d'autre?

– Et ta famille? Elle va bien?

– Ma famille... mais...

– Ecoute, j'ai voulu voir jusqu'où peuvent aller le mensonge et l'abjection. Maintenant je

sais. Je crois qu'il est inutile de poursuivre cette conversation.

– Mais...

Par l'indiscrétion, ou la gaffe plus ou moins volontaire du directeur – était-ce la réaction d'un-ami-qui-vous-veut-du-bien? –, elle avait tout appris. Ma visite quinze jours plus tôt à ce même magasin...

L'achat de cadeaux pour « mes autres »...

Mais surtout pour une autre...

L'achat d'un châle. Un châle qu'elle avait refusé très gentiment le jour de notre visite ensemble, car ce n'était pas « raisonnable »!

Manque de temps, d'imagination? Inconscience? Tout cela à la fois sans doute, ce châle, je l'avais acheté quand même.

– Pour ta femme!

D'un coup tout s'est alors effondré autour de moi.

Comment avais-je pu faire une chose pareille?

En une seconde je réalisais toute la monstruosité de cet achat. C'était ahurissant. Et, pour elle, inacceptable. Pourquoi, pourquoi avais-je agi ainsi?

Maintenant encore, avec le temps, je n'arrive pas à comprendre. Sinon qu'avec une inconscience infantile j'avais réduit, fondu, deux êtres en un seul. Comme si ce châle ne devait pas être perdu. Comme si c'était encore une manière de le lui donner, à elle.

Chargé par mes filles d'acheter le cadeau maternel, je n'avais pas cherché plus loin.

Hélas, un malheur n'arrive jamais seul. Mais était-ce plus grave?

Elle avait aussi appris ma présence à Paris alors qu'elle me croyait dans le désert tunisien...

– J'ai téléphoné au journal le jour de Noël... Et ils m'ont dit que tu venais juste de sortir! Deux minutes plus tôt... J'ai compris...

Certes, ce n'était pas la première fois que je me retrouvais ainsi face à mes mensonges et face à mes contradictions. Mais ce qui, pour elle, était nouveau, c'est que, pour la première fois, elle m'avait cru. Elle n'avait eu aucun pressentiment. Elle n'avait eu aucun doute.

La chute était d'autant plus dure.

J'imaginais son humiliation devant la double révélation de mon abus de confiance.

Hélas, le cauchemar n'était pas fini.

– J'ai téléphoné au journal car je voulais te rejoindre. J'avais besoin de toi... Mon projet est refusé... J'y travaillais depuis si longtemps... Je suis découragée... Et tu n'étais pas là...

J'ai compris alors la gravité de son chagrin.

– Tu ne seras jamais là...

Dans le court silence qui a suivi j'ai ressenti le poids de ma duplicité, de mon absence, de sa déception et de sa détresse. Elle avait été dupe de tout. De moi, d'elle-même. Elle avait eu besoin de moi. Et je n'avais pas été là.

Elle avait raison. Y serais-je jamais?

Je ne l'avais pas respectée.

Je ne serais jamais complètement à elle.

Elle ne pouvait pas « appartenir » à cet homme-là.

Elle en ressentait plus que jamais la blessure et la certitude.

Que pouvais-je répondre sans mentir?

Rien.

A quoi bon décrire alors le détail de ce qui a suivi.

J'ai déjà tout dit dans les pages qui précèdent. Et tout se devine, hélas, aisément. Toutes les raisons. Tous les mots.

Les mots que l'on prononce pour blesser, saccager, détruire. Ceux que l'on répond alors pour se défendre, se protéger, se justifier.

Des mots de colère, de faiblesse, qui éclatent comme pour mieux se dégager d'un pouvoir, d'une domination ou d'un jugement. Un jugement que l'on ne supporte plus, une condamnation que l'on n'accepte plus.

J'ai reçu comme un déluge de feu la force de son désespoir.

Et puis ce fut le silence...

Le silence qui suit les dernières phrases.

Un silence de fatigue, de nausées.

Un silence où tout est encore possible cependant...

Elle avait raison sur tout. Je le savais. Sauf sur un point. Je l'aimais.

Et elle le savait aussi. Alors? Le lui dire une fois encore?

– Je ne veux plus te voir. Je ne t'appartiens pas. Tu ne m'appartiens pas. Tu appartiens à une autre. A un autre univers. Rejoins-le, rejoins-les, rejoins ton monde. Va-t'en, je te le demande...

Le claquement sec d'un téléphone que l'on raccroche.

Hébété, je suis resté de longues minutes sans bouger, inerte, comme tétanisé par cet effondrement brutal.

Paralysé.

Je n'avais pas vu son visage.

Mais je savais qu'il était déformé, enlaidi par la souffrance, le chagrin.

Cette souffrance dont j'étais responsable.

Ce chagrin que j'avais provoqué.

C'était insupportable.

Je l'ai rappelée.

Je n'avais guère d'illusions. Le téléphone resterait muet.

Il l'est resté.

J'ai attendu. Peut-être allait-elle tout de même me rappeler... après avoir entendu les suppliques répétées de la sonnerie du téléphone?

Je suis parti chez elle. Comme un fou.

Ce fou que j'étais encore.

J'ai sonné. Longtemps. Personne n'a ouvert. Peut-être était-elle sortie? Alors j'ai attendu dans ma voiture. La neige s'est mise à tomber comme si le ciel pleurait, lui aussi. Comme s'il voulait recouvrir tous les tourments humains d'une blancheur apaisante.

Je guettais toutes les voitures qui tournaient dans la rue en quête de place.

Je guettais tous les piétons qui se dirigeaient vers son immeuble.

Puis les voitures se sont raréfiées. Et bientôt il n'y eut plus de piétons.

La nuit s'avançait.

J'attendais, seul, dans ma voiture.

Je savais bien qu'elle était chez elle. Où serait-elle allée ?

A l'aube, j'ai sonné à nouveau. La sonnerie a déchiré le silence, lugubrement, comme un écho de mort.

Je savais qu'elle ne me répondrait pas. Mais je sonnais quand même.

Je savais qu'elle ne me répondrait plus. Mais j'espérais toujours.

Il faisait très froid.

Peut-être dormait-elle, tout simplement ?

A quoi bon insister.

Je suis rentré chez moi.

Comme elle me le demandait.

Avec un goût d'encre dans la bouche.

L'envie de mourir. D'un seul coup. Très vite.

Comme s'effondre un mur auquel on a arraché le lierre qui l'enchaînait. Le maintenait. Après les grands orages de l'été.

Etait-ce le froid de la nuit ? Par chance, je suis tombé malade. J'ai évité ainsi les « fêtes de fin d'année »...

Ma fille Jeanne restaurait avec son mari une vieille ferme dans le Lot. Il était musicien. Ou, plus exactement, il composait de la musique. Elle peignait. Ils avaient fui Paris qu'ils détestaient l'un et l'autre. Ils aménageaient une partie de cette vieille maison qu'ils destinaient à un enfant futur... Ils souhaitaient m'y accueillir pour ma « convalescence ».

Une année commençait. Je suis parti chez eux.

Il existe des êtres-refuges. Il existe aussi des lieux-refuges.

Curieusement, après l'effondrement des premiers jours, j'ai senti en moi une sorte d'apaisement. J'étais déchargé de mes obsessions quotidiennes. Délivré de mon angoisse.

Délivré surtout du dégoût de moi-même.

J'avais agi comme je croyais devoir agir.

Comme ma nature l'exigeait.

Elle avait réagi comme son caractère et son instinct l'y poussaient. Comme elle le devait, elle aussi.

Nous nous étions rencontrés trop tard...

J'avais voulu atteindre à l'impossible.

J'avais aspiré à des réalités tellement contradictoires...

Je n'avais tenu compte que de moi.

Mais je n'avais pas commis de crime. N'était l'inexplicable achat de ce châle...

Fatigue? Usure? Blessure? Age? Tout cela à la fois sans doute. J'aspirais au repos.

Je n'allais plus avoir à « faire semblant ».

Je n'allais plus avoir à imiter la désinvolture. Je pensais qu'il y a des amours pour la vie et des amours de cinq ans. Comme il y a aussi des vies sans amour...

On peut se fondre dans un être. Pas s'y engloutir.

Ou s'y noyer.

Comme on raisonne bien quand rien n'empêche la raison de fonctionner...

Etait-ce la paix du lieu? On ne voyait, aussi loin que le regard puisse porter, que la blancheur et le scintillement luxueux de la neige sous le soleil de janvier. Comme si la campagne, éclatante de lumière, s'était donné pour mission d'ensevelir mon chagrin. A jamais.

J'ai toujours aimé la campagne...

J'ai toujours aimé m'asseoir, l'été, dans un champ ou dans un pré; toucher la terre avec mes mains, la sentir couler entre mes doigts. Comme pour en recueillir les forces singulières...

J'ai toujours aimé contempler un brin d'herbe, regarder le long grouillement zigzaguant des fourmis, écouter le bourdonnement des insectes au travail dans le calme lumineux d'une journée d'été.

Et surtout j'ai toujours aimé la sérénité de ceux qui vivent près de la nature, au rythme des saisons...

J'ai tenu douze jours dans cette campagne éclatante... sous le soleil d'hiver...

Et soudain tout a basculé! Ma raison et le temps.

Je suis entré dans le noir.

Comment allais-je vivre sans la voir? Sans jamais rien savoir d'elle?

Il y avait dans ma tête un « plus jamais » qui tournait, qui tournait, qui tournait comme un disque usé. Un dialogue à l'infini, insupportable, avec elle.

Le cahier écrit s'arrêtait là.

Bertier en était arrivé aux feuilles tapées à la machine.

Il parcourut alors la dizaine de pages qui relataient la maladie de l'homme du cahier. L'hospitalisation, la crise cardiaque, le long retour à la vie avec « ses autres », comme il les appelait. Le nouveau séjour à la campagne, chez la fille...

Bertier n'aimait pas beaucoup la souffrance des autres, moins par bonté d'âme que par superstition.

L'acteur, en lui, agacé par cette impudeur qui s'étalait avec trop de complaisance tout au long de ces pages, s'ennuya rapidement à la lecture de cette longue plainte qu'un homme, encore si visiblement blessé après tant d'années, adressait à une femme qu'à l'évidence il avait aimée. Mais si mal.

Brusquement pour lui, le personnage dérapait! Il ne se voyait pas entrer dans cette peau-là!

Entre ce qu'il avait vécu à la ville et ce qu'il avait envie de vivre à l'écran, il y avait des différences!

Il y réfléchit. Longuement. Il revint même en arrière.

Il relut certains passages en diagonale. Comme s'il ressentait le besoin d'être séduit à nouveau par l'histoire.

Puis Bertier retourna à sa lecture. Le paquet de feuilles dactylographiées n'était plus très épais...

Je n'avais pas cherché à la revoir pendant ces deux mois. J'en étais physiquement incapable. Ses dernières paroles me revenaient à l'esprit sans arrêt. Elles résonnaient en moi comme une rengaine et comme une supplique...

– Je ne veux plus te voir... Je ne veux plus te voir... Je ne veux plus te voir... Je ne t'appartiens pas... Je ne t'appartiens pas... Je ne t'appartiens pas...

Je n'en pouvais plus de cette campagne, malgré l'amour de ma fille et de son mari que j'aimais bien aussi. Au moins, à Paris, j'habitais la même ville qu'elle! Je vivais près d'elle! Peut-être n'avait-elle manifesté qu'un découragement passager, une nouvelle colère, une nouvelle déception? Tout cela m'était, si j'ose dire, familier...

Il fallait que je la revoie! Il fallait que je rentre! A sept cents kilomètres d'elle, je me sentais en exil! Il fallait que je me rapproche! Il fallait que je la voie! Il fallait que je voie son visage! A défaut de la voir, il fallait que j'entende sa voix! Au moins sa voix! Entendre sa voix? Pas ici! Pas en cachette! Pas en me dissimulant! Non, mais à Paris... à Paris...

J'ai prétexté une obligation professionnelle et je suis rentré.

Ma fille ne m'a posé aucune question. Elle

m'a simplement regardé. Elle a souri. Elle a menti.

– Mon pauvre papa...

– Pourquoi... « mon pauvre papa »... ?

– Parce que... c'est dur de reprendre le travail...

Son regard si tendre, comme un regard de mère, ajoutait :

– Tu ne t'en tireras jamais...

Il m'a semblé néanmoins lire dans ce regard l'indulgence et le pardon dont j'avais besoin.

– Oh... mais je vais mieux... tu sais!

Je suis parti.

Jamais dix heures de chemin de fer ne m'ont paru si longues. Le temps semblait s'étirer diaboliquement pendant les arrêts et entre chaque gare. J'étais assailli, torturé par mon monologue intérieur. Je n'arrêtais pas de lui parler. Je lui parlais avec mes mots à moi. J'essayais d'imaginer ses réponses. A mesure que le temps me rapprochait d'elle, je les imaginais de plus en plus favorables...

– Je ne cherche pas à t'attendrir, tu sais. Mais j'ai de si mauvaises heures. Je ne suis que moi. Je ne suis qu'un « j'aurais pu être ». Je le sais. Mais... même imparfaits, nous sommes quelque chose de... vivant... non?

Je suis arrivé chez moi. Il n'y avait personne.

J'étais seul. Chez moi. Comme un étranger. Tant de semaines me séparaient des images quotidiennes et familières. Tout me semblait hostile.

Je suis resté longtemps hésitant.

J'avais peur.

J'ai composé son numéro de téléphone...

J'ai raccroché aussitôt.

Avais-je le droit de forcer sa volonté? Avais-je le droit de forcer le destin? Je n'étais pas devenu un autre. Je n'étais pas devenu différent. Même après trois mois. Avais-je le droit de la tourmenter? De l'encombrer de moi? Qu'avais-je à lui donner de plus?

J'ai composé le numéro...

Je ne voulais qu'entendre sa voix...

Par une extraordinaire coïncidence, pendant que le cadran du téléphone tournait, la pendule de mon bureau s'est mise à sonner avec une grâce toute cristalline.

Il était six heures...

C'était un signe. Comme le clin d'œil du Destin.

Je n'ai pas raccroché.

– Allô!

... Ce n'était pas sa voix...

– Allô... Allô... Allô!

La voix s'impatientait.

Je me suis décidé à répondre à cette voix inconnue.

– Je suis bien à Odéon 25 65?

– Oui.

– J'aimerais parler à Mme Laborde...

C'était insupportable d'avoir à ce point envie de pleurer.

Mes mains tremblaient. Ma voix aussi.

Mon cœur semblait vouloir me rappeler ses faiblesses récentes.

Etais-je devenu si complètement gâteux?

– Qui la demande?

– Monsieur...

– Mais, monsieur, Mme Laborde n'habite plus ici.

– ....!

– Elle a quitté Paris!

Je me suis assis. Mes jambes ne me portaient plus. Le sol vacillait. Tout basculait. J'étais pris de vertige.

Je me suis assis pour ne pas tomber.

La voix anonyme me distillait lentement, comme à plaisir, son poison.

– Vous êtes ici à la société « La Propreté ». Nous nous occupons principalement de brûler les ordures ménagères...

Et la voix continuait avec une indifférence intolérable, logique. Elle me disait que cette société anonyme était propriétaire de cet appartement, qu'il allait être transformé en bureaux.

Un bureau? Cet appartement où j'avais eu des rendez-vous partout, dans chaque pièce, avec les événements les plus forts de ma vie? Cet appartement où j'avais eu des regards sur tous les objets et sur tous les meubles? Cet appartement dont les murs, les portes, avaient abrité tous nos secrets! Cet appartement n'était pas, ne pouvait pas appartenir, *soudain, à cette société d'ordures!*

Il ne pouvait pas être à elle.

Il ne serait jamais à elle. En un éclair j'ai eu

l'envie de l'agresser, cette voix qui osait me dire cela.

Cette voix n'avait pas le droit d'installer ses horribles meubles, son horrible odeur, son horrible vie, ses ordures ménagères et sa propreté dans tout ce qui avait accueilli « son » parfum, « son » souffle, « sa » vie, à elle! Et ma vie à moi!

On n'avait pas le droit de souiller, de saccager cela!

– Mme Laborde est partie hier...

– Hier?

– Oui.

Ainsi donc nous avions décidé, ensemble, chacun de son côté, de partir! Où? L'un vers l'autre? Elle savait donc où j'étais?

– Elle a liquidé toutes ses affaires à Paris... A la suite d'un deuil... je crois...

Une détonation dans la tête.

Un deuil? Quel deuil?

– Il y a deux ou trois mois... paraît-il... Son mari est mort...

Deuxième coup de feu. J'étais son mari. J'étais mort. J'étais son deuil!

– Elle a très mal réagi... d'après la concierge... Elle ne supportait plus de vivre dans cet appartement... Sans lui.

– ....?

La voix monocorde continuait à débiter des mots que je n'entendais plus. Elle était si impersonnelle, cette voix, si froide, si bête. Et pourtant je l'ai questionnée.

– Partie?...

Et la voix m'a répondu.

– Oui... Avec ses deux enfants... Le temps de mettre ses affaires en ordre.

– Où?

– Pour l'étranger, je crois... Elle a reçu des propositions de travail...

L'étranger! Elle qui n'aimait que la France. C'est absurde, ce que disait cette voix! Ce n'était pas possible!! Il y avait erreur!!!

– ... Le Brésil...

Troisième coup de feu.

De nouveau le cœur qui bat à se rompre. De nouveau le vertige... Le malaise. A travers quoi j'entends des mots... et le silence...

– Allô... Allô... Monsieur?... Monsieur?

Pourquoi insistait-elle ainsi, cette voix?

– Oui...

– Ah!... Vous l'ignoriez?

– ... Non... Non, non. Je... je croyais seulement qu'elle ne partirait que plus tard...

Surtout ne pas perdre la face. Ne pas avoir l'air d'être atteint... Rester calme...

– Elle a peut-être dû avancer son voyage...

Voilà que maintenant cette voix se faisait plus douce, comme si elle savait qui j'étais, comme si cette voix se transformait en une infirmière auprès d'un grand malade.

Aller plus loin! Essayer de savoir! Ne pas se décourager!

– Vous... vous avez son adresse?...

– Non.

– Personne... au bureau?

– Non. La concierge non plus. C'est la poste qui est chargée de faire suivre le... courrier éventuel. Mais je sais que c'est au Brésil... c'est

tout... C'est tout ce que je sais... Allez voir à la poste...

J'ai raccroché. Je ne pouvais plus supporter cette voix stupide.

Je suis resté devant le téléphone. Un téléphone noir.

Je le regardais comme l'instrument de ma condamnation définitive.

J'étais condamné à mort par le téléphone.

Un téléphone noir venait de prononcer une sentence, sans appel, sans recours, aussi froidement qu'un greffier, accablé par la longueur d'un délibéré, la prononce.

Je ne parvenais pas à détacher mon regard de cet instrument de torture qui, pourtant, avait été, dans le passé, si souvent notre ami. Le confident, le complice de nos émotions, de nos échanges et de nos rires.

J'étais chez moi. J'étais... rentré... chez moi.

Il n'y aurait plus de demain...

Il n'y aurait plus que des aujourd'hui vides.

Il y a longtemps, très longtemps de cela...

La vie a repris ses droits.

On ne meurt pas quand on le veut. Il faut le vouloir vraiment.

⁂

On frappe. Bertier est tellement concentré, attentif à sa lecture, qu'il en sursaute.

La dernière réflexion de l'homme du cahier a trouvé un lourd écho en lui.

– Qui est là?

– Pauline!

– Eh bien... entrez! aboie-t-il.

Pauline s'exécute.

– Qu'est-ce que vous voulez?

– Moi, rien! Mais vous... vous voulez peut-être déjeuner... manger quelque chose?

– C'est pour me demander cela que vous frappez à la porte?

– Je ne voulais pas vous déranger.

– C'est fait!

– Ben oui mais... qu'est-ce que je pouvais faire d'autre?

Bertier se demande un instant si Pauline ne boit pas en secret ou si son retour d'âge ne la bouleverse pas car elle a vraiment un drôle d'air. Il s'en étonne.

– Qu'est-ce que vous avez?

– Rien... mais vous... vous n'avez pas faim?

– Quelle heure est-il?

– Quatre heures moins le quart!!!

– Quoi??

– Mais oui!

Bertier est ahuri. Entre lecture, relecture, réflexions et gamberge, la journée a filé à une allure incroyable!

– Oh... ben ça!

– Vous pouvez le dire!

– Eh ben, je le dis!

– Ah bon!

Bertier décide donc de déjeuner. Mais, comme le soir il doit dîner avec Madame numéro deux, il décide d'être sobre. Il commande à Pauline de lui apporter un plateau avec deux œufs à la coque, un peu de gruyère, un yaourt et une pomme! Commencerait-il sa cure d'amaigrissement pour assumer son rôle?

Pauline, ravie de voir que « Monsieur » se plie ainsi gracieusement aux directives de Madame numéro trois, lui apporte aussitôt sa pâtée...

Et Bertier peut ainsi continuer sa lecture. Non sans avoir observé, en mastiquant sa pomme, en guise de hors-d'œuvre, que Brigitte ne lui a pas téléphoné bien qu'il lui ait indiqué qu'il resterait chez lui toute la journée.

– Que lui est-il donc arrivé à celle-là?

En 1956, j'étais en reportage en Tunisie...

Cette fois c'était vrai. Mon journal m'y avait vraiment envoyé. La Tunisie venait de gagner son indépendance. Le Maroc aussi. En Algérie, la situation devenait chaque jour plus difficile. Comment aurait-il pu en être autrement?

Je dînais un soir de juillet au Tunisia Palace avec quelques confrères français et des correspondants étrangers. L'actualité du jour, c'était Nasser et le canal de Suez. Le colonel Nasser, maître de l'Egypte, vient de ponctuer d'un énorme éclat de rire sa complicité tranquille avec le peuple égyptien au cours d'un discours où il annonce la nationalisation du canal de Suez...

Et chacun de commenter cette décision dont le retentissement est aussi énorme que le rire de Nasser!

Tout à coup, à l'autre bout de la table, j'entends qu'on parle d'autre chose. Du Brésil. De Brasilia.

Je quitte la conversation sur les événements d'Afrique car un nom parmi d'autres m'a cogné la tête! Laborde!

– ... Des architectes français espèrent participer à l'édification de cette nouvelle capitale du Brésil... C'est une extraordinaire aventure!

– Elle fait partie d'un groupe qui tente de faire approuver ses projets pour la ville future!

– Qui?

– Dominique Laborde. Vous la connaissez?

– Je l'ai connue.

J'ai une adresse.

Sao Paulo!

Je remonte dans ma chambre. Je lui écris. Tout de suite. De Tunis.

Quel symbole...

Le lendemain, je suis à Paris. Je lui écris de Paris.

Au début d'août, obligé de partir pour Londres, toujours à cause de Nasser, je lui écris de Londres. Puis du Caire. De Rome...

Je lui ai écrit. Plusieurs fois. Sans succès. Je me suis obstiné. J'ai recommencé. Je n'ai jamais eu de réponse.

Une seule de mes lettres m'est revenue, bien longtemps après, avec la mention classique : « Inconnue à l'adresse indiquée. »

L'hiver était là.

Après quatre années, fallait-il encore insister ?

A quoi bon ?

Que m'aurait-elle dit, d'ailleurs, si elle m'avait répondu ? Que pouvait-elle me dire ?

Qu'elle m'avait chassé de sa vie, de son esprit, de son corps ?

Mon désespoir ne la concernait plus.

Pas plus que mon existence.

Et elle avait raison.

L'avait-il jamais concernée d'ailleurs ?

« Pas plus que l'oiseau dans l'air », je n'avais laissé en elle de traces...

A ses yeux je ne pouvais être qu'un imbécile. Vit-on aux côtés d'un imbécile ? A la rigueur, oui, si on l'est soi-même. Mais elle !

Quatre années après son départ, quatre années après ma condamnation par téléphone, je reprenais un incessant monologue parce qu'un soir de juillet, un confrère anonyme avait prononcé deux mots : Laborde, Brésil.

Rien ne s'était effacé. Je revoyais tout. Et pourtant, combien de fois m'avait-elle accusé de manquer de mémoire...

Où était-elle ? Où était-elle ?

Je l'avais appelée. Sur le balcon, en regardant le ciel de Tunis. Comme si je cherchais à la situer quelque part entre les étoiles... dans cette poussière de monde...

– Où es-tu ? Où es-tu ?

Je l'avais appelée de toute ma ferveur, les yeux vers le ciel, les mains ouvertes vers l'infini. Comme à nos rendez-vous de six heures, huit années plus tôt. Quand j'interrogeais mon nuage. Avec la même confiance, le même prodigieux espoir...

Le Ciel ne m'a répondu que huit années plus tard.

Nous étions en 1964.

Brasilia avait été inauguré...

Mais ce n'est pas cette célébration qui, cette année-là, m'a apporté un dernier choc.

J'étais en Suisse, à Genève, pour les fêtes du 1er août. J'ai rencontré son parrain. Je ne l'avais pas vu depuis plus de douze ans. Mais nous nous sommes cependant reconnus malgré mes soixante-seize ans et bien que lui en eût...

– Hé hé! Quatre-vingt-un, mon vieux!

– Ça n'est pas possible.

– Mais si!

Nous nous aimions bien. Libraire à Genève, il s'occupait encore de son magasin place du Port, malgré son âge. Nous avions en commun l'amour des beaux livres et des éditions rares. Il était resté un vieil homme charmant.

Et – comme les détails idiots se lient aux souvenirs! – c'est en traversant la place du Port pour aller m'acheter un pyjama à la Chemiserie Centrale, rue de la Confédération, alors que lui s'apprêtait à rentrer dans sa librairie, que j'avais été frappé par l'aspect de cet homme à la silhouette épaisse un peu voûtée, par cette longue chevelure grise ébouriffée qui bouillonnait autour des oreilles et le faisait ressembler à un vieux sage chinois.

– Bonjour...

Un regard étonné, un peu apeuré. Comme un regard peut l'être quand un inconnu vous oblige à sortir d'une profonde méditation. Allait-il me reconnaître? Il n'avait guère approuvé, dans le passé, sa filleule, de perdre ainsi son temps avec un « homme marié ». Je le savais. Est-ce que par hasard?...

Mais son visage s'éclaira. Et il soupira :

– Ohhh! Par exemple! C'est vous!

Et par lui, j'ai tout su.

– Vous comprenez, mon vieux...

Est-ce parce que je ne paraissais pas mes soixante-seize ans qu'il m'appelait encore « mon vieux »?

– Vous comprenez, il y a prescription maintenant. Je crois que c'est mon devoir de vous parler. Je me suis tu depuis si longtemps...

– Sur ordre?

– Bien sûr.

Et c'est ainsi que j'ai appris qu'elle avait eu un fils.

Et c'est ainsi que j'ai appris que ce fils allait avoir douze ans.

Et c'est ainsi que j'ai appris que ce fils était né le 20 juillet 1952...

Et c'est ainsi que j'ai appris que ce fils était de moi.

Et c'est ainsi qu'une phrase d'elle a jailli dans ma tête!

– En rentrant de Tunis... tu auras peut-être une surprise...

– Ah, bon...

Trop préoccupé par mon départ fictif et mon mensonge, je n'avais pas osé insister. Je n'avais pas posé d'autres questions sur cette « surprise »...

Ainsi donc, quand le 22 décembre au soir je l'avais quittée, elle savait. Elle savait, mais elle attendait une confirmation de son médecin. Et quand elle avait téléphoné à mon journal... parce qu'elle avait besoin de moi... parce qu'elle avait besoin de me voir... parce qu'elle voulait me rejoindre... c'était aussi pour m'annoncer la surprise...

L'horreur de la situation me monta à la tête.

Aussi violemment que si elle venait de se produire.

D'ailleurs elle venait de se produire pour moi.

Maintenant je comprenais pourquoi j'avais été son deuil.

Comme elle avait dû souffrir!

Comme je lui en demandais pardon.

Son parrain me regardait avec l'air de réaliser soudain que j'étais vieux. Il paraissait horriblement inquiet...

– Vous n'en avez jamais rien su?

– Non.

– Oh... mon Dieu! Et moi qui... je suis... désolé.

– Vous avez bien fait.

Deux semaines plus tard, après avoir tout dit à ma femme, je suis parti pour le Brésil. J'avais une adresse à Rio, par son parrain.

– Mais je ne sais pas si vous la trouverez parce que...
– Parce que?
Il avait hésité.
– Oh, eh bien!...
Et tout en allumant sa pipe, il conclut :
– Vous verrez bien... Après tout, c'est à elle de vous le dire...
Je n'ai pas insisté. Il m'a semblé que tout était clair.

A Rio, elle avait disparu. Inconnue. Elle n'habitait plus Rio. « Ils » n'habitaient plus Rio...
Où alors? Sao Paulo?
J'ai cherché pendant une semaine parmi ses relations, ses amis, ses collègues anciens. Rien. Personne ne savait. Je suis parti pour Brasilia. Ahurissante capitale vide, superbe, inhumaine et grandiose à la fois. On ne la connaissait pas. Dans aucun milieu. Je suis rentré en France. Que faire d'autre?
J'ai écrit partout, au Brésil, où elle avait pu vivre. Aucune réponse. Rien. Jamais. Aucune nouvelle. Elle semblait s'être dissoute dans cet immense pays.
J'ai aussi écrit à son parrain. Il ne m'a jamais répondu.
J'ai fini par comprendre. Par accepter. Sa volonté. Sa volonté à elle. Que je connaissais bien.
Elle ne voulait plus entendre parler de moi. Malgré le temps.
A l'évidence, elle savait que je la cherchais.

Elle ne pouvait plus ignorer que je la cherchais.

Que je te cherchais... toi... petit garçon de douze ans qui m'appartenais... un peu.

Son parrain l'avait-il avertie de notre rencontre à Genève? Peut-être... Je n'ai jamais voulu le savoir. A quoi bon?

Elle donnait sans doute partout des consignes de silence.

Des consignes que chacun respectait. Il me fallait les respecter aussi.

Elle n'était pas de celles qui oublient.

Elle n'avait aucune raison d'oublier ce qu'elle avait souffert avec moi, par moi.

Je l'avais tellement ressenti lors de ma rencontre à Genève avec son parrain.

Son fils était à elle. Pas à moi. Et puis...

Elle avait maintenant cinquante ans. Quelqu'un était entré dans sa vie. Quelqu'un à qui elle pouvait « appartenir »...

« Ils »-n'habitaient-plus-Rio!

Pourquoi, de quel droit, au nom de quelle morale, aurais-je pu troubler son ordre? Déranger sa vie?

C'est elle qui avait raison. Elle avait toujours eu raison.

Elle, qui avait toujours eu toute sa raison.

Elle, qui m'appelait « le fou »!

Et fou, je l'étais. Encore. De penser à elle...

J'ai renoncé.

A elle. A toi.

A tout.

Après avoir tenté de vivre deux vies, je me suis rendu à moi-même.

Il y a plus de dix ans de cela...

Tu dois être un jeune homme de vingt-deux ans maintenant.

Et je ne sais rien de toi.

Je ne sais pas qui tu es. Où tu es. Comment tu es.

Je pourrais te croiser dans la rue. Et nous ne saurions pas nous reconnaître. Je ne saurais pas que c'est toi, ce jeune homme qui porte sa jeunesse peut-être avec angoisse, peut-être avec espoir. Comme tu ignorerais, toi aussi, que le vieil homme que tu croises... c'est ton père.

C'est parfois très dur.

***

Permets-moi cependant de te raconter une dernière histoire. Pour toi seulement.

Puisqu'il est dit que la pensée circule dans l'Univers... peut-être s'en ira-t-elle jusqu'à toi?

En rentrant du Brésil cette année-là, en arrivant à l'aéroport après tant de vaines journées passées à sa recherche, à **ta** *recherche, le Destin nous a fait un signe. A toi et à moi.*

Je t'ai dit combien les détails idiots habillent les souvenirs.

Ils sont liés aussi aux grands faits.

Dans la dernière partie du vol, entre Rio et Paris, j'avais enlevé mes chaussures... Comme la plupart des passagers. Ce geste insignifiant allait avoir une conséquence.

Je les avais remises en atterrissant à Paris, bien entendu. Dans le couloir aux murs de verre où nous débarquions, j'ai dû renouer le lacet de ma chaussure droite, mal attaché. Je me suis donc penché pour en refaire le nœud, un peu bousculé par les autres passagers, impatients de débarquer. Tout à coup j'ai reçu une sorte de choc dans la nuque, comme un appel. Je me suis relevé. J'ai aperçu une silhouette féminine parmi des dizaines de voyageurs en partance pour New York, alors que moi j'arrivais de Rio...

Elle! C'était elle!

Même après douze années, j'étais encore capable de la reconnaître entre mille. Même de dos! C'était elle, j'en étais sûr.

J'arrivais. Elle partait! Quelle absurdité!

Nous étions séparés par des murs de verre et quelques couloirs. Mais c'était elle. M'avait-elle vu? Avait-elle cru que je m'étais penché vers le sol pour éviter son regard?

Je l'ignorerai toujours.

J'arrivais de Rio. Elle partait pour New York.

J'ai hurlé!

Dans cette transhumance montante et descendante, tous les passagers autour de moi m'ont pris pour un fou!

J'ai hurlé! J'ai hurlé si fort que même à travers le mur de verre ma voix a porté. Ceux de New York se sont retournés. **Elle** *s'est retournée. C'était bien elle. Avec douze années de plus. Douze très belles années. Saine, bronzée, élégante, avec quelques fils d'argent dans les cheveux revenus à leur couleur naturelle. Elle a regardé dans ma direction, de son regard* *de chat, cet homme qui criait, cet homme qui s'agitait comme un dément, en faisant de grands gestes, comme les ailes d'un moulin à vent. Nos yeux se sont reconnus.*

Et dans son regard j'ai vu mon âge...

J'ai vu son indifférence...

Elle s'est détournée comme s'il s'agissait d'une méprise, d'un appel qui ne la concernait pas.

Elle tenait dans la sienne la main d'un enfant. Un enfant blond, beau, souriant, un enfant qui avait l'air heureux, un enfant qui semblait lui dire...

– Regarde, maman, le monsieur là-bas. Il a l'air de nous connaître!

Elle s'est penchée un court instant vers cet enfant qui me souriait et qui était TOI, *comme si elle lui répondait...*

– Non, mon chéri, je ne crois pas. Nous ne le connaissons pas.

Toi, tu as continué à me regarder en souriant, comme si, toi, tu savais! Comme si **toi seul** *savais que je vous connaissais.*

Tu donnais la main à un autre homme qui lui aussi souriait en me regardant. Un homme grand, beau lui aussi, qui ressemblait à un de ces acteurs américains qu'on voit dans les westerns. Et c'est lui qui a encore désigné à l'attention de ta maman ce vieux monsieur qui semblait leur adresser un salut si chaleureux.

Ce vieux monsieur qu'elle ne voulait plus voir...

Ce vieil homme qui était ton père, mon petit garçon que je ne connais pas.

Ce vieil homme qui était ton père et que tu regardais s'agiter sans comprendre.

Ce vieil homme qui était ton père et qui voyait s'enfuir une part de sa vie. Une part de lui-même.

Un morceau de son être que la foule et le temps, une volonté suprême et la bêtise de tout lui avaient arraché. Impitoyablement. Et qui hurlait vers toi.

Un vieil homme qui était ton père et que vous regardiez tous trois d'un regard étonné, souriant, et si froid!

Un vieil homme que personne n'entendait plus.

Un vieil homme qui était ton père et qui paraissait fou...

Le fou que je serai toujours. D'elle.

*
**

Les avions n'attendent pas.

La foule des partants, des arrivants, ne laissait à personne le loisir de s'attarder plus longtemps à contempler un fou...

Et son regard à elle avait été si bref, si vide.

Je n'existais plus.

Et pourtant... le hasard, qui si souvent nous avait réunis, venait une fois encore de se manifester. Après douze années.

Pourquoi?

Fallait-il en tenir compte?

Non. Tout était arrivé trop tard.

Et je me sentais si vieux, si inutile.

J'ai pris un taxi.

Sur le tableau de bord du taxi, la pendule marquait six heures...

J'avais vécu une minute de ma vie avec toi.

Un jour, mon petit garçon devenu homme, je te dirai pourquoi je n'ai pas lutté pour te reconnaître. Toi, que je ne connais pas.

Quand j'aurai retrouvé le Ciel. Là où la pensée existe.

Mais ce soir, dans ce bureau où je te parle à toi seul depuis de longues semaines déjà, peut-être l'as-tu deviné ?

Je suis fatigué. Je n'ai pas envie d'en dire plus.

Je crois que ma vie va s'arrêter bientôt.

De là-haut, j'y verrai sûrement mieux.

Pardonne-moi.

Bertier, qui avait lu avec avidité la fin du récit, se retrouva tout bête.

Comme on peut l'être au cinéma quand la salle se rallume d'un coup ! Après une fin émouvante et qui a fait pleurer Margot. Comme au théâtre, quand le rideau tombe après la dernière réplique du dernier acte.

– Elle me résistait, je l'ai assassinée !

Rideau !

On se retrouve avec soi-même.

Après que l'auteur nous a emporté très loin vers la réalité de ses situations fausses, si fortes qu'on les a crues vraies.

Bertier se retrouvait ainsi, frustré comme le lecteur d'un roman qui a vécu quelques heures, ou quelques jours, avec des personnages fictifs devenus par instants ses compagnons. Compagnons dont la vie éphémère vient de prendre fin soudain par la seule volonté de l'auteur.

Il ne reste alors qu'à refermer le livre. Et à méditer. Plus ou moins longuement selon l'intérêt de la lecture.

Bertier, donc, méditait.

– Pauvre type!

Que lui était-il arrivé à cet homme? Pourquoi avait-il cessé d'écrire?

– Il est peut-être mort.

Bertier fit un rapide calcul. Dix années s'étaient écoulées après les événements de 1964. C'est donc un homme de quatre-vingt-six ans qui avait soudain posé sa plume.

– Mon Dieu!

*
**

– Allô!

– Marcel, j'ai fini.

– Ah... alors?

– Acht! Comment te dire... j'aime... et je n'aime pas!

– ...

Marcel connaît bien les acteurs. Et surtout il connaît « son » Bertier. Par cœur! Il sait qu'il faut savoir l'écouter. Ecouter même ses silences. Cette force instinctive qui existe en lui – comme en tout acteur – il faut la laisser s'exprimer. Ce n'est pas toujours facile... c'est souvent bafouillant mais il ne faut rien bloquer. Ni rien brusquer. Surtout au début. Le propos est encombré de « tu comprends », de « ben », de « tu vois », d'« ifodrèqueu » ou de « nyaka... », magma informe de sensations mal définies que l'acteur essaie de se sortir des tripes et que chacun, auteur ou metteur en scène, va s'efforcer de décrypter... avec patience. Avec plus ou moins de patience...

Mais c'est une éruption, un lent déferlement, utile à tous!

Marcel le sait. Marcel attend.

– Tu comprends... (Ça y est! C'est parti.)... ce que j'aime c'est l'histoire d'amour! Jouer une histoire d'amour... ça me plaît! Mais il faudrait que...

– ...

– Comment te dire... Je voudrais que ça finisse bien... tu vois?

Ouf! Ça y est. Le mot est lâché! Marcel s'y attendait. Il faut que cela finisse bien!

Pour Bertier, l'œuvre de fiction étant par définition un mensonge, elle se doit d'idéaliser la vie! C'est, pour lui, une façon de respecter le VRAI. Le vrai désespoir. La vraie misère. C'est une façon de respecter la vie.

– Et tu trouves que ça ne finit pas bien?

Bertier est surpris par la question de Marcel.

– Ben... non!

– Comme souvent les histoires d'amour...

– Oui, mais les autres... je m'en fous! C'est celle-là qui m'intéresse! Faudrait arranger ça!

– C'est-à-dire?

– Ben... l'histoire de l'aéroport par exemple... « Il n'y a qu'à »... Ils se retrouvent... bon... et ils se parlent... Non...? Alors... il faudrait que...

Et de « ben » en « ben », Bertier se met à jouer en virtuose la scène de l'aéroport.

– Il l'appelle, elle se retourne. « Tiens donc! » « Bonjour! » Choc. Emotion. Ils vont l'un vers l'autre. Tu t'en vas? Oui. Où? Madrid. Pour? Du travail, et toi? J'arrive de Rome. Travail aussi? Aussi. Et à ce moment-là... ben... il pourrait y avoir... euh... je sais pas, moi... un truc... Tu vois ce que je veux dire?

– Ben... dit Marcel.

– Tiens, dit Bertier, j'ai une idée... Le vol est retardé... Ils vont prendre un verre au bar... On sent qu'ils auraient envie de... enfin... ben de... se prendre dans les bras... On le sent à leurs regards. On ellipse. Et on les voit repartir chacun de son côté... Lui pour Madrid... elle... elle rentre chez elle... à Paris...

– Et alors?

– Ben...

– Ils se sont embrassés?

– Ben... oui! Pourquoi pas... Tu vois?

– ... Timidement alors?

– Hein? Si tu veux... Oui.

– Sur les joues... pudiquement.

Marcel, sans en avoir l'air, s'amuse comme avec un enfant. Bertier, lui, continue sans s'apercevoir de rien.

– ... Ou...i... Oh, j'ai une idée! Elle est dans son taxi, elle gamberge... elle voit la montre sur le tableau de bord... **il est six heures!** Elle sourit. Lui, dans son avion, déplie son journal et dans le mouvement il aperçoit sa montre... il sourit aussi. Et le mot FIN arrive... sur son sourire. On a compris...

– Et comme cela, on finit le film sur toi?
– Hein?
– Je dis... comme cela on finit le film sur toi!
– Ah... ben oui... C'est bien... non?
– Très bien, dit Marcel qui pense que Bertier est tout de même un sacré acteur! On se voit quand?
– Très vite. Je pars pour Megève demain rejoindre ma bobonne. A mon retour si tu veux.
– Parfait.
– Dis donc... au fait... tu m'avais parlé d'une surprise... Je ne vois pas où elle était... ta surprise...
– Une surprise?
– Oui! A la fin!
– Ah! A la fin?
– Oui.
Marcel a pris le soin de réfléchir. Comme un homme politique répète la question posée pour se donner le court espace de temps nécessaire à la réponse.
– La surprise... c'était pour t'inciter à aller jusqu'au bout avec appétit... la carotte et le bâton... tu vois...
– Salaud! Je t'embrasse!
Bertier raccroche.
Marcel aussi, de son côté. En souriant.

Bertier se reporte aux premières pages du cahier. Puis à la lettre qui accompagnait le manuscrit. Cette lettre qui exprimait le désir de voir revivre des gens qui... etc.

Il relit la dédicace aussi. « A toi que j'aime... même si je ne t'en ai pas donné de preuves suffisantes... Comme une conversation que nous n'avons jamais eue... »

Il prend des notes. Avec soin. Il cherche. Il travaille.

Tournera-t-il ce personnage? Entre quelques cigarettes et quelques lampées d'eau « Hépar... la-seule-qui... », tête levée, Bertier, tel un buvard, s'imprègne! Et tout à coup il s'avise qu'il est vingt heures trente-cinq.

– Oh! merde!

Délaissant le cahier, ses notes sur les deux amants et leur fin de parcours, il saute dans une chemise propre, rose à rayures blanches. Il choisit une cravate bleu sombre unie. Plonge dans un costume de flanelle gris anthracite et, tout en songeant :

1) que le temps passe à une vitesse grand V quand on travaille (ou quand on vieillit!),

2) qu'il a grand-faim et surtout un rendez-vous à neuf heures avec Madame numéro deux dans le bistrot de poisson près du Champ-de-Mars dont elle s'était décommandée la veille et dont elle lui avait vanté l'excellence, il saisit au vol une écharpe de soie, sa pelisse (cachemire et vison) et son carnet de chèques qui est à l'homme ayant dépassé la soixantaine (et qui en a les moyens) la condition nécessaire et parfois suffisante pour l'assumer!

Ouf! A neuf heures dix tapant... il est au restaurant!

Madame numéro deux, habituée à ses petits

retards chroniques, l'attend à une table par elle choisie.

– Je suis en retard... je te demande pardon... mais...

Sachant qu'il va se livrer à son numéro traditionnel du « monsieur en retard pour cause de circulation effrayante, de stationnement impossible ou de coup de téléphone de dernière minute », Madame numéro deux préfère couper court aux excuses.

– Tu vas bien ?

– Ça va, ça va...

Mais Bertier tient à expliquer cette fois la raison inhabituelle de son retard.

– Figure-toi qu'il m'arrive une chose bizarre...

Et il lui raconte le cahier.

Madame numéro deux écoute avec une extrême attention. Elle se permet de temps en temps une observation discrète, toujours avec une grande retenue car elle n'ignore pas que si le profane peut se mêler, à la rigueur, du travail d'un acteur en ébullition, c'est toujours avec la plus grande prudence...

– Qu'est-ce que tu en penses ?

Elle prend le temps de réfléchir.

– C'est la face cachée de Fabrice Bertier... dit-elle. As-tu envie de la montrer ? Toi seul peux le savoir...

Huîtres chaudes, loup grillé arrosé d'un condrieu blanc assez rare (même le long des côtes du Rhône), pour terminer par un soufflé à l'orange aussi léger que leur humeur à tous deux quand ils quittèrent le restaurant... le repas fut glorieux.

Galamment Bertier raccompagna Madame numéro deux chez elle. Il monta pour prendre – non pas le plaisir d'une nuit partielle – mais tout simplement un dernier verre avec elle afin d'attendre minuit moins le quart ! Car – incorrigible Bertier – il avait une petite habitude « depuis six mois » et ce soir-là précisément...

Elle s'appelle Fabienne.

Malgré son horreur des diminutifs il l'appelle Fafa !

Les hommes ne sont pas à une contradiction près !

Danseuse nue aux Folies-Bergère, elle a – quelle horreur... mon Dieu... – dix-neuf ans !

Deux fois par semaine, il lui rend une petite visite.

Soit vers dix-huit heures, avant le spectacle. Soit vers minuit, après.

Ce soir, c'est la visite de minuit. Et ce soir, elle l'attend dans le petit studio de la jeune épousée, Madame numéro trois, que Bertier lui a obligeamment prêté pour trois semaines ! Son petit « deux-pièces » étant présentement aux mains des peintres et décorateurs qui s'emploient, avec une forte subvention de Bertier, à transformer un petit taudis minable en un adorable appartement pour jeune fille en fleur.

Bertier n'a d'illusions ni sur la fleur, ni sur la jeune fille, mais, soucieux de plaire encore et toujours, il ne lésine pas sur les moyens. Il passe avec elle des instants pleins de surprises, mais que nous ne décrirons pas car ils se terminent toujours de la même manière! Ce qu'un vieux curé limousin à l'accent chantant, que Bertier avait connu dans sa jeunesse, exhortant ses ouailles à la chasteté, résumait en une formule très courte, onomatopées et gestes à l'appui : « Car au fond, mes frères, hé? Zaque, zaque, zaque!! et tout est fini!... »

Bertier rentra chez lui vers deux heures trente du matin. Heureux et comblé de partout. Il se coucha l'âme légère et l'esprit serein.

Il avait en main un scénario possible.

Il venait de bien dîner.

Fafa s'était montrée délicieusement inventive.

Du coup il avait oublié Brigitte, sa fille, et ses coups de téléphone.

Il s'endormit le corps heureux.

Décidément, Fafa...

30 décembre.

Après une nuit réparatrice, Bertier s'éveille frais et rose, comme le petit Jésus dont l'Univers vient, cinq jours plus tôt, de fêter l'anniversaire.

Il prend rapidement un petit déjeuner substantiel et reconstituant. Puis, toilette faite, se retrouve avec une énergie prometteuse dans son bureau.

Pour se mettre en train il passe rapidement les trois ou quatre coups de téléphone nécessaires à la Favic S.A. Histoire de lui prouver son existence.

Aujourd'hui est son jour de sport. Natation, bicyclette, sauna, massage... On entretient l'immeuble !

Vers midi, il déjeune au Club. Tout de suite après : séance photo pour un nouveau magazine de jeunes !

En 1988 c'est devenu très long les séances photos ! Mais que ne ferait-on pas pour la jeunesse quand on est Fabrice Bertier ? Et que ne ferait-on pas pour une couverture couleur quand on est un acteur célèbre ?

Entre la maquilleuse et ses petites crèmes, le coiffeur et ses petits coups de peigne, le styliste-habilleur et ses changements de costume, l'opérateur, son assistant et leurs changements de lumière, d'angle, d'objectif, d'appareil et de spot, le sourire de rigueur – « cheese » ou « ouistiti » – ... on ne voit pas passer les heures. Le tout pour enlever les rides et mitonner deux cents photos dont une seule sera bonne !

– Mes enfants... pas plus de douze ans et demi, s'il vous plaît !

A quatre heures trente, il passe à la FAVIC pour le courrier.

A dix-sept heures il est chez lui pour penser au bagage du lendemain.

Départ pour Megève, via Genève, héliport et Mont d'Arbois.

Etreintes avec la jeune épousée, skieuse et parturiente.

Dring ! On sonne. Dring ! Ah ! c'est le téléphone.

– Oui ! Allô !

– Papa ? C'est Brigitte.

– Ah ! enfin... J'attends que tu me rappelles depuis...

– Je sais, je sais...

– Qu'est-ce qu'il t'arrive ? Tu ne me téléphones pas trois fois dans l'année, et là subitement...

– J'aimerais te voir.

Elle n'a pas l'air gaie, Brigitte. Même Bertier s'en aperçoit.

– Qu'est-ce qui ne va pas?

– Rien rien... Rien de spécial.

– Bon. Eh bien...

Ah! elles ne sont pas faciles, les relations entre eux. Ils se connaissent si mal. Il leur faudrait presque un interprète, pour les aider à « délabyrinther » leurs sentiments! Ce sont, à chaque fois, les mêmes longs silences entrecoupés de : « oui », « bon », « ben... », d'élans... d'hésitations... de petits mots, de petites phrases, pour en arriver tout de même à l'essentiel.

– Alors... je peux te voir?

– Oui... bien sûr... si tu veux.

– Quand? Ça m'arrangerait bien... aujourd'hui.

– Aujourd'hui... ben... j'ai pas... j'ai des choses à...

– Ça m'arrangerait bien aujourd'hui...

Elle insiste mécaniquement, Brigitte.

– Où es-tu?

– A Paris.

– Tu repars quand?

– Je ne repars pas.

– ... Comment, tu ne repars pas...

Un petit rire de Brigitte.

– Non...

– Tu ne repars pas pour Lille?

– Non.

– Pourquoi?

– J'habite Paris maintenant.

Stupeur de Bertier, il n'en savait rien.

– Mais... depuis quand?

– Six mois.

– Six mois! Mais pourquoi ne me l'as-tu pas dit?

Silence de Brigitte. Comme si elle n'avait pas entendu la question.

– Je peux te voir?

– Oui. Mais...

Il voudrait bien en savoir plus, Bertier.

– Aujourd'hui?

– Ça ne peut pas attendre...?

– Non.

– Bon... ben... viens.

– Vers quelle heure?

– Viens à... six heures.

– O.K. A tout de suite.

Il est six heures.

Brigitte est là devant lui. Dans ce petit bureau que Bertier n'a pratiquement pas quitté depuis trois jours. Depuis qu'il a ouvert un paquet mal ficelé où se répandaient les sanglots impudiques d'un vieil homme pleurant inutilement un amour perdu.

– Je te remercie.

– Tu... me... remercies? De quoi...?

– De me recevoir... aujourd'hui...

Oohh! elle a changé, Brigitte. Les formules de politesse, ce n'est pas son style. Il se passe quelque chose. Bertier s'en étonne en souriant.

– C'est normal. Non?... Je suis ton père... quand même...

Brigitte ne répond pas. Elle laisse filtrer à son tour un vague sourire-soupir, dans lequel on pourrait reconnaître un « oui » un peu étouffé, à peine articulé... un drôle de son.

C'est vrai qu'elle a changé, Brigitte. Elle est jolie d'ailleurs. Grande, mince, blonde, les yeux noirs de sa mère. Son nez à lui, droit, net, solide. Son certain sourire à lui aussi, un peu ironique, un peu las. Mais les traits sont creusés, durs. Les yeux noirs fatigués. L'expression amère. Un pull effrangé, un jean délavé, des bottes, un imperméable mastic doublé d'une fourrure à longs poils, que Bertier serait bien incapable d'identifier.

– Elle a quand même de l'allure, ma fille...

Et il se rappelle à quel point la mère de Brigitte avait un joli corps dont Brigitte semble avoir hérité sous ses oripeaux.

– Je peux fumer?

Alors ça! Bertier n'en revient pas! Brigitte lui demande, à lui, si elle peut fumer? Quoi? Un joint?

Ils ne sont vraiment pas détendus, ni l'un, ni l'autre.

– Bien sûr... Tu es dans un compartiment fumeurs ici...

La formule – pour hilarante qu'elle soit – ne déride pas Brigitte...

Un peu ahuri, Bertier derrière son bureau lui avance un cendrier. Elle se lève, le prend, le pose sur le divan, se débarrasse de son manteau. Bertier la regarde faire.

Brigitte se rassied sur le divan, pose le cendrier sur ses genoux après avoir allumé sa cigarette.

Et Bertier attaque, franc, jovial, désinvolte. Il se force.

– Alors? Qu'est-ce qui me vaut le plaisir de te voir? Comment vas-tu? Comment va la vie? Pourquoi as-tu quitté Lille?

– Ça fait beaucoup de questions, ça!

Brigitte recule un peu, comme pour se protéger de la rudesse joyeuse, virile, et paternaliste de Papa Bertier. On a beau être un acteur célèbre, il y a des situations, dans la vie, qu'on joue mal. De façon conventionnelle.

Et Brigitte lui répond un peu sur le même ton...

– Comment je vais? Je vais. Comment va la vie? Elle va. Mais je n'ai pas quitté Lille. C'est Lille qui m'a quittée!

– Ah?...

– Oui. Quant au plaisir de me voir... ça reste à prouver...

– Mais si. Mais si...

Ils ont l'air de s'amuser, tous les deux.

– Alors, Lille t'a quittée?

– Oui.

– Il n'y a plus de Paul?

– Non. Il n'y a plus de Paul.

– Ah. Et?...

– Il n'y a pas de Pierre non plus. Ni de Jean. Ni de Jacques. Il n'y a personne.

– Il n'y a personne?

– Il n'y a personne.

En répétant tour à tour demandes et réponses, ils vont bien finir par en arriver à se parler de l'essentiel.

D'ailleurs, même sans une connaissance

approfondie de sa fille, Bertier a compris. Il ne faut pas être très fin psychologue pour deviner. La raison de sa présence devant lui, c'est que Brigitte n'a jamais bien supporté la solitude... et...

– Il y a longtemps que... Paul...

– Six mois.

– Six mois ?

– Oui.

– Pourquoi ?

– A cause de moi.

– De toi ?

– Oui. Je ne suis pas... facile.

Bertier sourit. Il aurait très envie de lui répondre « je sais ». Mais, mesurant peut-être dans son subconscient ses propres responsabilités dans la difficulté d'être de Brigitte, il s'abstient. Et entre eux un ange passe. Le temps pour Bertier de dérouler quelques images rapides de la période hippie de Brigitte, de sa découverte du bouddhisme zen, de son intérêt soudain pour les chèvres du Massif central et les moutons du même lieu, de son enrichissement au sein d'une secte adoratrice du soleil, et enfin de sa période hindoue nourrie d'Upanisad, des révélations de la *Bhagavad-gîtā* et parfois d'un grain de mil. Ah ! elle a vécu, Brigitte !

– Je suis même... assez compliquée.

– Je sais... je sais.

Cette fois, Bertier s'est engagé !

– Pourquoi ?

Brigitte regarde son père et, sans méchanceté, avec juste ce qu'il faut d'ironie dans l'œil :

– Mes antécédents peut-être... Lourde hérédité !

Bertier reprend en balle « liftée ». Comme s'il n'avait pas compris.

– Mais... ta mère n'est pas... spécialement...

– Je ne parlais pas d'elle.

La réplique est arrivée très vite. Bertier attend la suite. Mais il n'y a pas de suite. Brigitte le regarde. C'est tout. Il faut trouver un enchaînement, sinon les anges vont repasser avec une nouvelle évocation folklorique des avantages culturels de la vie écologique et des nécessités à un certain âge de trouver un « ailleurs ».

– Alors... il n'y a personne ?

– Non. Après qu'ils eurent été deux... il n'y a personne.

– Deux ?

– Oui... J'ai aimé deux hommes en même temps.

– Toi aussi ?

– Quoi ? moi aussi !

– Non... rien. Ça n'a pas dû être facile.

De l'influence d'une lecture récente sur les réflexes de Bertier !

– Non.

– Tu vas avoir bientôt quarante ans et...

– Oh !... Je sens que tu vas tomber dans les formules...

– Ben !... la vie commence à...

Sous le regard de Brigitte, Bertier n'arrive même pas à terminer sa phrase.

– ... Tu crois... ?

– ... Pour les hommes... oui...

Bertier est décontenancé. Il aurait tendance à

bafouiller. Il sent soudain un déséquilibre. Les phrases toutes faites et les idées reçues qu'on peut débiter aux enfants pour s'en débarrasser et répondre, un temps, à leurs angoisses naturelles... c'est pas pour aujourd'hui. Bertier a une femme devant lui. Adulte. O combien! Et il va s'en apercevoir très vite. Comme il va s'apercevoir qu'elle n'est pas en visite traditionnelle.

– Je... je voulais simplement dire...

– Je peux te poser une question?

– Bien sûr.

– C'est une question que j'ai envie de te poser depuis des années...

– Laquelle?

– Pourquoi as-tu quitté maman?

Un temps. Tant pis pour les anges. Ils passent comme ils peuvent.

Bertier comprend pourquoi il se sentait il y a un instant en déséquilibre devant le regard de Brigitte.

– C'est pour ça que tu es venue me voir?

– Réponds-moi...

Bertier s'attendait à tout – ou plus exactement à rien – mais en tout cas pas à cela. Pas ce soir, pas aujourd'hui. Et il commence par :

– Qu'est-ce que tu veux que je te dise...

– Pourquoi. C'est tout!

Il a l'impression que Brigitte lui colle un projecteur dans l'œil. Il se sent cerné comme un suspect peut l'être, en garde à vue devant des inspecteurs. Le public n'est pas bon en cette fin d'après-midi.

– C'est loin... tu sais.

– Je sais. Réponds-moi.

Elle est implacable, Brigitte. Son regard ne permet à Bertier aucune pirouette, aucune dérobade. Il le sent. Il le voit. Il aurait envie de lui dire – et c'est presque vrai – qu'il n'en sait plus rien. Mais sa fille est en face de lui. Sa fille de quarante ans. Sa fille – belle d'ailleurs – qui est une femme. Une femme qui lui parle d'une autre femme. Sa mère. Une autre femme que Bertier n'a pas revue depuis plus de vingt ans... Et machinalement il interroge :

– Comment va-t-elle?

Brigitte élude. Comme si elle n'avait pas entendu.

– Réponds-moi. Pourquoi l'as-tu quittée?

C'est curieux... Brigitte est devenue presque suppliante. Elle pose sa question sans aucune dureté. Bertier pense tout à trac : « Parce qu'elle était con! Belle mais con! »

Mais il ne peut pas répondre par cette sorte de raccourci-boutade, même en l'édulcorant. Près de quarante années se sont passées depuis cette rupture. Le temps lui propose d'autres raisons. Plus aimables. Plus réfléchies.

– Tu sais... Je sortais de la guerre... C'était une période complètement folle... Tu ne peux pas te rendre compte... J'étais jeune... Elle aussi. On s'est aimés... comme ça... mais je crois que notre destin n'était pas de vivre ensemble... très longtemps. Il y a des amours passagères... c'est tout. Je n'avais pas de métier... J'écrivais... vaguement... je n'ai pas eu le courage de... de crever de faim avec elle... de lui faire subir mes humeurs... mes ratages... mes angoisses...

– Tu sais qu'elle ne s'est jamais remariée?

– Oui... je sais... oui.

– Elle n'a jamais eu aucune aventure... avec personne...

– Ça...

– J'en suis sûre.

Bertier regarde sa fille. Il y a sur son visage quelque chose de nouveau. Quelque chose de grave, que Bertier ne peut pas définir mais qui le force au respect et lui ôte le goût – s'il l'avait – de discuter plus longtemps des mérites et de la fidélité de sa première femme.

– Tu ne t'es jamais demandé pourquoi?

Bertier réfléchit. Il est devenu plus grave, lui aussi.

– Que veux-tu que je te réponde... je ne sais pas... Non. Jamais...

Bertier a raison. Que pourrait-il répondre? Brigitte le comprend. Elle revient à sa première question.

– Pourquoi l'as-tu quittée?

Bertier aurait très envie de lui dire : « Tu m'emmerdes avec tes questions »... mais, les yeux tournés vers une photo de Madame numéro trois, il réalise soudain qu'il y a une vague, très vague ressemblance, entre elle et la maman de Brigitte... comme si sa jeunesse, à travers Madame numéro trois, avait voulu le rejoindre. Et il s'entend répondre :

– Je me demande si ce n'est pas... parce qu'elle m'aimait trop...

Brigitte ne dit rien. Bertier continue son soliloque. Comme si Brigitte n'était pas là, face à lui.

– C'est énorme... ça peut sembler bizarre... mais je crois que c'est ça. Oui... c'est cela... elle était béate devant tout ce que j'écrivais... C'est devenu très vite horripilant... Je ne pouvais pas savoir si mon travail était bon... tellement j'étais son grand homme. Moi, j'avais besoin... d'être piqué, contré, provoqué. J'avais besoin de confiance... Mais elle trouvait tout... épatant... Ça ne me rassurait pas... au contraire... J'avais besoin d'être reçu et bousculé à la fois... Pas trop... mais tout de même ! Et elle... elle était à des années-lumière de cet univers si étrange dans lequel je me... débattais... mais dans lequel j'étais bien... sans savoir où j'allais...

Et Bertier se met à rire en échangeant avec son passé quelques images rapides.

– On n'avait pas un rond... Elle me parlait de sécurité... tu vois... Je crois que son rêve aurait été que je sois fonctionnaire... prof de lettres dans un lycée par exemple... Bien payé... ma petite retraite à soixante-cinq ans... des vacances à Pornichet... ou à Sanary... parce que l'eau y est plus chaude et que tu aurais pu y apprendre à nager... Ça l'aurait rassurée... J'ai pas résisté. J'avais besoin d'être libre... seul... Je sentais... des choses... autour de moi... j'avais des choses à vivre...

Bertier se retourne vers Brigitte.

– Tu comprends ?

– Oui... je comprends.

– Et je suis devenu acteur... crois-tu que c'est bête ! ajoute-t-il en riant.

Bertier s'aperçoit à cet instant que Brigitte le regarde très gentiment. C'est la première fois que le père et la fille ne redoutent pas le silence plus léger qui s'installe quelques secondes entre eux. C'est peut-être même la première fois qu'ils se voient. C'est peut-être la première fois qu'instinctivement, sans réfléchir, ils se sentent un peu proches l'un de l'autre. C'est la première fois – sûrement – qu'ils se parlent comme cela. A tâtons. Comme pour s'approcher l'un de l'autre. C'est la première fois qu'ils se parlent d'autre chose que de fric, des mecs, des bonnes femmes, des bienfaits de la révolte, du cinéma d'auteur ou de la connerie en général. Sujets sur lesquels leurs vues sont généralement très éloignées...

– Cela dit... je suis devenu très vite très injuste avec ta mère... Il valait mieux qu'on se sépare... Pour elle... et pour toi... Je vais te faire un aveu...

Bertier s'est un peu penché sur son bureau.

– J'ai eu le sentiment un jour qu'elle ne t'avait mise au monde que pour m'empêcher de partir... Je n'ai pas supporté...

Brigitte écoute son père. Elle ne réagit pas. Elle allume une autre cigarette.

– Tu fumes trop, toi!

Après cette habile diversion – ô combien! – Bertier enchaîne.

– C'est embêtant d'avoir soixante-sept ans, tu sais... On commence à se retourner en arrière... et dans le cortège qui suit on aperçoit beaucoup de gens qu'on a laissés tomber... On voit... comme dans un miroir... Beaucoup de petites saloperies qu'on a commises... On a envie de jeter des pierres pour casser le miroir... Comme on jette des pierres dans l'eau pour détruire la surface calme et y faire des ronds... Que les cercles s'agrandissent... Que les images se brouillent. Et deviennent floues jusqu'à ce que les ronds disparaissent... Je sais que j'ai été moche... avec ta mère... très moche.

Et Bertier observe Brigitte tandis que s'agrandissent les ronds dans l'eau.

– ... Si... si on lui téléphonait? Hein? Tu veux? C'est quoi son numéro?

Bertier a déjà saisi l'appareil.

– Non, ce n'est pas la peine.

– ... Ça lui ferait peut-être plaisir... non?

– Plus maintenant.

Et Brigitte écrase sa cigarette dans le cendrier.

– Ah. Tu crois?

– Oui, je crois... C'est trop tard...

Plouf! Une pierre est tombée. Des ronds dans l'eau qui s'agrandissent très vite.

– Je t'ai choquée?

– ... Non.

– ... C'était une femme très gentille, ta mère... mais...

– ... Oui... C'était une femme très gentille...

Elle a dit cela d'une curieuse façon, Brigitte.

– C'était...

Bertier a encore la main sur le téléphone. Il regarde Brigitte. Elle ne bouge pas. Lui non plus. Le temps s'arrête. Il a compris.

– ... C'est... c'est pas possible.

– Si.

Et Brigitte pleure doucement.

Bertier se lève. Il vient s'asseoir près de sa fille, presque timide. Il pose sa main sur la sienne. Elle le regarde. Et il la prend dans ses bras. Et elle s'effondre sur son épaule. Et elle pleure. De longues, très longues secondes.

– C'est... arrivé... quand?

– Il y a trois jours... Quand je t'ai appelé... en rentrant de Lille. La veille... j'étais au cimetière...

– Pourquoi ne m'as-tu pas appelé avant?

– A quoi bon?

– Qu'est-ce qu'elle a eu?

– Cancer.

Ils se taisent l'un et l'autre.

Dans le silence, chacun revoit les images différentes de celle qui les réunit si intensément à cet instant. Des images qu'ils ne peuvent pas échanger. Le silence avec son cortège d'anges est, à cette minute-là, leur meilleur compagnon.

Quelque chose est en train de naître entre eux dans ce silence lourd, important, épais, que Bertier voudrait rompre. Comme si de cette mort et de ce silence naissaient une autre fille et un autre père.

– Tu sais... commence-t-il.

Mais Brigitte l'interrompt. Elle fait un geste de la main. Comme pour lui poser un doigt sur la bouche. Comme si elle lui demandait de se taire, de ne rien dire.

– Je sais, dit-elle.

Elle a une peine immense, qu'il comprend mais qu'il ne partage pas, qu'il ne peut pas partager. Elle le sait. Alors, à quoi bon? Elle a raison de lui demander de se taire. Bertier le comprend.

Il n'a rien à lui dire devant cette mort-là. A cette minute-là. Plus tard... oui... peut-être...

– On parle d'autre chose. Tu veux?

Elle veut parler d'autre chose. Car elle **sait**. Elle sait, car elle se sent proche de son père. Plus proche qu'il ne peut le croire. Et elle sait pourquoi. Et elle sait pourquoi sa mère et son père se sont quittés. Elle le sait mieux que son père. Mieux que sa mère. Ils ne marchaient pas sur le même trottoir. C'est tout. A quoi bon parler. Elle est morte. C'est tout. Un cancer du poumon, en trois mois, elle qui n'avait jamais allumé une cigarette.

– Hein? On parle d'autre chose...

– Mais... bien sûr.

– Qu'est-ce que tu fais en ce moment?

– Oh! pffuu... rien!... je bute, soupire Bertier.

– Sur quoi?

– ... Sur moi...

– Toi?

– Oui.

– Pourquoi?

– Oh!... c'est difficile à expliquer...

– Essaie...

Bertier la regarde quelques secondes. Et d'un seul coup il ouvre son dossier.

Le dossier « Fabrice-Bertier-acteur-vedette »!

Il déballe tout. La crise de la soixantaine défile sous les yeux de Brigitte comme un film en accéléré.

– Le sentiment d'être un con... tu comprends ? D'avoir vécu comme un con !

La vie, la carrière, les mauvais films, les femmes, Geneviève, Madame numéro trois, cette panique qui s'empare de lui face au temps qui se resserre, face au monde dur, hostile... tout y passe ! L'Avenir ! L'Avenir ! L'Avenir ! Bertier hurle son angoisse en silence, devant sa fille.

– Qu'est-ce que va connaître cet enfant ?

Brigitte découvre un père qu'elle ne connaît pas. Un père masqué par l'écran de fumée que la légende et la gloire ont diffusé autour de lui.

– Il n'y a qu'une chose qui soit plus pathétique... c'est de se dire qu'on n'a rien vécu du tout ! Se dire qu'on a vécu comme un légume ou un tube digestif ! Ça... ça me console souvent ! dit-il en riant. J'aime tellement la vie ! C'est contradictoire... hein... ?

Il s'arrête, un peu fatigué par ce torrent de confidences.

– Voilà ! Voilà comment ça vit... un acteur célèbre... tu vois. Entre ce qu'on montre et ce qui est ! Mais... c'est utile de connaître la détresse... ça permet de la jouer...

Un petit temps. Un petit rire. Bertier se penche en arrière dans son fauteuil. Le regard au plafond.

– Quand je pense que j'ai failli me foutre en l'air... quand j'avais... vingt ans de moins... crois-tu que ç'aurait été bête...

– Oh oui ! Mais comme c'est dommage...

– Hein ! ! !

Brigitte sourit devant l'effarement de son père. Elle a envie de l'embrasser. Elle se lève.

– Si j'avais su...

– Quoi?

– Rien.

Le regard de Brigitte tombe sur la brochure qui traîne par terre, près du bureau de Bertier. Elle la ramasse.

– C'est quoi?

– Une pièce... qu'on me demande de jouer.

– Ah, bon! On peut savoir?

– Si tu veux.

Et Bertier lui raconte *Le Piège.*

Il lui en lit même quelques passages... pour voir.

Et Brigitte lui explique tout à coup pourquoi, selon elle, « ça coince ».

Ils se sentent bien tous les deux.

Ils ont l'air de parler métier comme deux vieux complices. Et il n'y a pas une heure qu'ils sont ensemble. Mais c'est une heure qui vaut bien toutes celles, inutiles, qu'ils ont passées depuis trente ans.

– Pourquoi veux-tu absolument faire rire? lui demande Brigitte.

– Parce que c'est l'art suprême. Faire rire de choses graves... Et puis parce que le public a besoin de ça.

– C'est pas seulement pour eux que tu joues?

– Hé... si! Quand même...

– Mais il ne faut pas être esclave et victime de ce souci de faire rire!

– C'est noble, le rire.

– Si le public veut rire, il rira. Laisse-lui prendre la place qui est la sienne, là où il veut.

– Tu me parles comme un vieil auteur dramatique qui aurait écrit une centaine de pièces.

– Je te parle avec mon instinct.

Et Brigitte continue comme si elle n'avait pas entendu.

– Tu n'es pas un être drôle, mon père. Tu es un homme sensible. Laisse ton rire au vestiaire. On viendra le prendre si on en a envie... Joue avec ton cœur... Comme tu l'as fait dans *Les Brumes de septembre*. Tu étais superbe !

– Ça n'a pas fait un rond !

– Et alors ?

– J'en ai souffert !

– Tant pis !

Brigitte lui donne une leçon sur lui-même, à laquelle Bertier ne s'attendait certes pas. Lui aussi découvre avec surprise une Brigitte qu'il ne connaissait pas. Une Brigitte qui, semble-t-il, a beaucoup de choses à lui dire.

Elle le contre. Elle le provoque. Elle le pique. Elle est un peu... lui.

C'est la génération montante... le relais... dont Bertier a besoin et dont il peut sûrement attendre un enseignement, une force nouvelle. Brigitte parle comme si dans le secret de sa jeunesse elle avait entendu le hurlement silencieux de son père.

– Tu as peut-être raison, dit-il. Mais depuis quelque temps j'ai été un peu distrait.

Et son regard tombe machinalement sur le cahier.

Brigitte sourit.

– Depuis quelque temps seulement?

Bertier ne prend pas garde à l'ironie de la phrase, tout occupé qu'il est des remarques de Brigitte.

– Oui.

– Pourquoi...?

– A cause d'un cahier que j'ai reçu et que j'ai lu. C'est Marcel qui me l'a envoyé... en pensant à un scénario possible... Il ne sait pas qui l'a écrit...

– Ah bon?

– Non. C'est très bien foutu. Très intéressant... souvent. C'est tendre, impudique... sensible. C'est bien écrit.

– Et Marcel n'a aucune idée de l'expéditeur?

– Aucune... Il me l'a envoyé comme ça... avec la lettre de la vieille...

– C'est drôle. Elle va peut-être te donner de ses nouvelles un jour ou l'autre.

– Peut-être... On verra. Tu sais qu'il est neuf heures et demie?

– Oui. Et alors?

– Tu n'as pas faim?

– Oui... si... non... Pourquoi?

– On pourrait peut-être manger quelque chose.

– Tu es seul?

– Oui. Je pars demain matin pour rejoindre... euh... enfin... je vais aux sports d'hiver pour le réveillon du 31...

Bertier n'a pas voulu dire « ma femme » devant Brigitte. C'est drôle. C'est la première fois qu'il retient ce mot. Il aurait presque envie de lui dire « je t'emmène si tu veux »... mais Brigitte et les fêtes du 31 décembre... ça n'est pas compatible.

– Quelques huîtres, ça te va?

– Pourquoi pas?

Ils se lèvent l'un et l'autre.

Et à l'instant, juste à l'instant, de quitter le bureau, Brigitte questionne à nouveau son père :

– Dis donc...

– Oui?

– Tu n'as vraiment aucune idée?

– Aucune idée sur quoi?

– Ça.

Brigitte désigne le cahier.

– Non. Pourquoi me demandes-tu cela?

– ... Parce que... comme ça...

Bertier regarde Brigitte. Brigitte qui a soudain une curieuse expression, une curieuse attitude. Bertier insiste.

– Pourquoi me demandes-tu cela? Hein?

Brigitte allume une autre cigarette. Elle se rassied en silence.

– Si tu sais quelque chose, dis-le. Tu le connais?

Brigitte regarde longuement son père, comme si elle voulait qu'il devine sa pensée.

– Oui. Et toi aussi.

– Moi?

– Oui, toi!

Bertier a toujours éprouvé un sentiment étrange pendant sa lecture mais, en ce moment,

Brigitte ne fait rien pour l'atténuer. A quoi joue-t-elle?

– Qu'est-ce que c'est que tout ce mystère! Qui est-ce?

Le silence s'alourdit. Ils ont l'air de s'attendre, l'un et l'autre. Un léger – oh! très léger – sourire se dessine sur les lèvres de Brigitte. Bertier en prend conscience et, d'une voix presque inaudible, comme s'il s'étranglait, il murmure :

– C'est pas vrai.

– Si.

– C'est... c'est toi?

– Oui.

– Mais... c'est pas possible.

– Si... Allez viens! On va manger des huîtres.

*
**

– Et Marcel était au courant?

– Oh oui! Depuis longtemps... il sait que j'écris. Il m'a donné des conseils. Et... c'est lui qui a décidé de t'envoyer le cahier...

Brigitte et Bertier sont au restaurant.

Entre eux, un plateau de fruits de mer et des années de silence. Ils prennent leur temps pour les déguster.

– Quand il a su que maman était morte... il m'a dit de venir tout de suite le voir... et... j'étais en face de lui, dans son bureau... quand tu as téléphoné... les deux premières fois...

– ... Ça alors... La surprise... c'était toi?

– Oui... je crois... dit Brigitte très gentiment. Tu sais, tout ce qu'il y a dans ce cahier... c'est...

ce que j'ai souffert depuis que je suis née... par accident...

– Je te demande pardon... je n'aurais pas dû te dire ça...

– Oh! si... au contraire... tu m'as fait cadeau de ta franchise.

Brigitte n'ironise pas. Elle parle sans aucune amertume, sans aucun reproche, et même sans tristesse.

Elle déborde d'amour au contraire, Brigitte, d'un amour inemployé.

– Tu ne peux pas savoir comme tu m'as manqué. Toute petite, à l'école déjà, « Qu'est-ce qu'il fait ton père? » « Il ne vient jamais te chercher ton père? » « Moi, mon père, il fait ceci. » « Moi, mon père, il est cela. » Alors je t'ai inventé. J'ai inventé quelqu'un d'autre. J'étais bien obligée. On ne se voyait jamais. Un jour... plus tard... j'ai même dit à des copines : « Mon père, il est mort à la guerre. » J'ai eu droit à leur silence, pour toujours. Et même à leur respect. Pour elles, tu es devenu un héros. Un héros de la Résistance... Torturé et tout... J'avais lu des trucs sur... Jean Moulin... Je t'ai idéalisé en te faisant mourir comme lui... Je ne t'ai pas installé au Panthéon parce que ç'aurait été trop... ajoute Brigitte avec un drôle de petit rire. Mais il n'aurait pas fallu me pousser beaucoup... J'avais de l'imagination, tu vois? C'est peut-être ça la vocation... J'ai eu tellement de mal à m'habituer à ma solitude de petite fille... Tu sais... jamais dîner avec « papa-maman », jamais de vacances ensemble, elle, toi et moi... Jamais je n'ai pu mettre ma main dans la tienne pour marcher en confiance avec toi dans les rues, ou faire des pâtés sur une plage... Ç'a été dur par moments... C'est ça mon bouquin. J'ai inventé un homme écrasé par ses responsabilités, un homme culpabilisé, un homme torturé par une rencontre et par l'abandon de « ses autres » auquel cette rencontre le contraint. Un homme harcelé, tourmenté, comme j'ai si souvent souhaité dans le secret de mon cœur que tu le sois, toi, de ne plus vivre avec nous... Je te demande pardon de te dire cela... ajoute Brigitte en découvrant tout à coup le regard de son père.

Un regard triste... si triste...

Il semble avoir pris dix ans, d'un seul coup, Bertier, acteur célèbre.

Il pourrait l'interrompre. Lui dire : « C'est moi qui te demande pardon du mal que je t'ai fait. » Il en est incapable. Il le pense. Mais il est incapable de lui dire un mot. Et cette fois ce n'est pas par indifférence. Il réalise soudain à quel point son métier l'a forcé à vivre pour lui et pour lui seul. Dans l'insouciance totale des êtres qui l'entouraient. Dans l'insouciance totale des êtres qui l'entourent. Il est devant le miroir, Bertier. Et les pierres que Brigitte lui jette au visage sans aucune méchanceté brouillent la surface calme. Il découvre dans la confidence de Brigitte, qui lui explique la genèse de son livre, le portrait d'un homme un peu monstrueux. Il plonge au fond de lui-même, Bertier. La tête à peine hors de l'eau. Il pourrait tenter de se justifier, d'expliquer... lui dire qu'être acteur c'est être par essence un affamé, un boulimique de la vie. Lui décrire cette obsession angoissante de l'enfermement. Cette névrose qu'il a toujours éprouvée de ne pas pouvoir vivre davantage encore d'autres vies. Cette impuissance naturelle et si dévastatrice, qui étrangle tous les hommes, de ne pouvoir vivre d'autres vies. Et c'est peut-être pour lutter contre cela qu'il est devenu un acteur. Mais il se tait. Il n'a plus envie de parler de lui. C'est Brigitte qui a besoin de vider son sac.

– Quand as-tu commencé à écrire?

– Oh!... j'ai toujours écrit, plus ou moins... Mais ça, c'est mon premier vrai bouquin. Mon boulot au Tourisme me laisse des loisirs. J'ai commencé à prendre des notes il y a deux ans... puis je me suis arrêtée... pour recommencer un peu plus tard...

– Sous quel prétexte?

– Le turbot, c'est pour...?

Brigitte et Bertier réalisent soudain qu'ils sont au restaurant.

– Euh... Mademoiselle... dit Bertier.

– La sole? Je vous la prépare?

– Non, non, merci... Je vais m'en occuper.

Bertier a dit cela d'un ton agacé, presque irrité.

– Pardon...

Ils n'ont pas envie, ni l'un ni l'autre, d'être interrompus par quoi que ce soit. Et surtout, que personne ne vienne les déranger.

C'est si rare, si exceptionnel pour Bertier, cette soirée. Pour Brigitte aussi. De nouveau cette sensation de naître l'un par l'autre.

Discret, le garçon s'est éloigné en emportant

le grand plateau aux algues luisantes d'eau et de glace fondue.

– Un jour... j'ai découvert un vieux cahier et des lettres dans la maison de grand-mère, à Lille... en cherchant des affaires d'été... dans le grenier. Une quinzaine de lettres... J'ai cru que c'étaient des lettres de grand-père à grand-mère... J'en ai parlé à maman... elle m'a dit en riant que c'était un secret de famille. C'étaient bien des lettres de grand-père, mais elles n'étaient pas destinées à grand-mère!

» Elles étaient écrites à une certaine Mathilde! Une Hollandaise. Maman les avait gardées. Grand-père n'avait jamais pu se résigner à les jeter. Grand-père avant de mourir les lui avait confiées. Des lettres enflammées, et des lettres de désespoir! Et il avait écrit un journal aussi... Tout est parti de là... La vieille dame de quatre-vingt-six ans... c'est une idée de Marcel! L'avertissement à ceux qui pourraient trouver le cahier... c'est moi. Le grand-père aurait pu y penser également. J'ai un peu mélangé les lettres, le cahier et ce que j'avais envie de te dire. J'avais eu la chance de trouver un porte-plume dans le grenier, avec une boîte de vieilles plumes. C'est ce qui m'a donné l'idée de ce recul dans le temps... J'ai commencé à écrire avec ça... c'était long... Maman est tombée malade...

Bertier ne dit rien. Il laisse passer les quelques secondes où Brigitte revoit les derniers jours de sa mère...

– J'aurais pu situer l'action avant 1900, mais je ne suis pas historienne, alors j'ai choisi 1948.

C'est l'année de ma naissance... involontaire, dit-elle en regardant son père. Maman m'avait raconté un jour comment vous vous étiez rencontrés, elle et toi, en dansant sur *Nuages*, de Django Reinhardt, et... ce qu'elle avait ressenti dès la première minute... « Cet homme-là, je l'ai voulu tout de suite à moi... » Elle m'a dit cela... il y a quinze jours...

A travers ses larmes, elle sourit à Bertier, Brigitte.

– ... Dunkerque, c'est le frère de maman, l'oncle Gaston... qui a failli y laisser sa peau... Londres, c'est toi... La mort du père... c'est toi aussi! Toi que j'ai tué, dit Brigitte. Mais je ne vais pas te raconter mes petits secrets... Le reste est imaginaire... enfin... presque.

– Comment cela « presque »?

– Tu m'as servi de référence! Tu as été en quelque sorte... mon vecteur, dit doucement Brigitte. Fabrice Bertier est un homme très médiatique... très interviewé. Mais j'ai tout de même inventé...

Bertier comprend que Brigitte a connu l'existence de Geneviève, même si elle n'en parle pas. Mais, comme si elle avait lu dans la pensée de son père, elle lui demande :

– Tu y as pensé en lisant?

– A qui?

Brigitte sourit.

– A... quelqu'un que tu as beaucoup aimé... paraît-il.

– Bien sûr...

Geneviève se glisse entre eux, juste un instant.

– Tu sais... maman, dès le début, m'avait conseillé de t'envoyer mon manuscrit... Elle pensait que tu pourrais m'aider... mais je ne l'ai pas fait... J'ai préféré l'envoyer à Marcel.

– Pourquoi?...

– Je voulais une réaction vraie... pure. Si tu avais su que c'était moi... tu n'aurais pas eu la même liberté. C'est un sentiment extraordinaire que de t'avoir entendu me parler de ce bouquin sans que tu te sois douté de quoi que ce soit... même en trois mots.

– L'enfant, c'est toi?

– Bien sûr.

Et Bertier reprend machinalement, comme une évidence :

– Bien sûr... Tu aimes écrire?

– Passionnément! Si je pouvais gagner ma vie comme ça... ce serait le rêve... C'est pas... vraiment fini d'ailleurs. C'est un premier jet.

– Tu vas travailler avec Marcel... pour le scénario...

– S'il veut de moi... oui... peut-être.

Brigitte réfléchit quelques secondes.

– Au fond... c'est à la fois une condamnation et une plaidoirie... mon truc. Une mise en garde. Je condamne et je défends... l'infidélité. Je la blâme et je l'excuse... mais... il faudra aller plus loin...

Brigitte a un curieux regard sur son père.

– Je la condamne à cause de toi. De tout ce que maman a subi à cause de toi... toute sa vie... Et... j'en prends la défense... à cause de moi. Car tout ça m'est arrivé à moi aussi...

Bertier refait surface tout à coup.

– Qu'est-ce qui t'est arrivé ?
– La rencontre...
Bertier laisse passer le silence qui suit. Il attend. Il attend que Brigitte enchaîne sur le sujet. Mais Brigitte est partie très loin d'un seul coup. Elle parle d'autre chose.
– Est-ce que tu te souviens... qu'un jour... pendant le week-end de Pâques, je suis rentrée chez toi au petit matin ? J'allais avoir seize ans... Et je t'ai dit que j'avais rencontré... un garçon... Tu te rappelles ?
– Oui... Je me rappelle très bien.
– Ah oui ?
– Oh oui ! Très bien.
– A ce point-là ?
– A ce point-là.
– Tu te rappelles alors ce que je t'ai dit... en rentrant ?
– Oui.
– C'est vrai ?
– Oui ! « Ben quoi, j'ai fait l'amour »...
– Tu te rappelles ça ?
– Oh ! oui.
Elle n'en revient pas, Brigitte. Elle est stupéfaite. Son père a donc des souvenirs d'elle... aussi présents... aussi forts ?
– Ça t'avait choqué ?
– Beaucoup.
Brigitte avale une bouchée de turbot.
– Je t'avais dit cela uniquement pour t'emmerder. Ce n'était pas vrai ! J'avais parlé toute la nuit avec un garçon comme avec un grand frère... Mais c'est tout ! D'ailleurs c'était le frère aîné de la fille qui recevait en surboum ! Il était

para, avec Massu. Il revenait d'Algérie. Il avait été blessé. Et on a parlé de toi. Il avait vu plusieurs films de toi... C'est drôle, non?

– Qu'il ait vu des films de moi... pas tellement!

– Non, mais que ce soient toujours les autres qui me parlent de toi... sans savoir qui j'étais! Sans savoir que j'étais ta fille. Je m'appelle Mouillerot... n'oublie pas!

– C'est vrai...

– Je t'avais dit cela uniquement pour t'embêter. Pour t'avilir, je crois, à travers moi. Pour me venger peut-être de toi. En réalité, j'avais horreur des garçons. J'étais vierge et martyre. Je m'amusais à les provoquer parce que je me rendais bien compte que je les excitais et puis... hop... je disparaissais... Je les vidais de ma vie... J'ai attendu d'avoir vingt-deux ans avant de... C'est peut-être ce qui explique que je me suis beaucoup rattrapée après.

Et Brigitte reste silencieuse pendant quelques secondes.

– J'ai vécu entre deux êtres pendant quelques années. J'ai tenté d'être loyale envers chacun d'eux... mais ç'a été très dur. C'est ce trajet entre le bonheur et la souffrance que j'ai voulu décrire...

– Les déchirures...

– Les déchirures, oui... Le bonheur de rencontrer un être exceptionnel et la souffrance qui en résulte. Pour les autres et pour soi-même...

– Vaste problème... Je ne sais pas si tu arriveras à convaincre...

– Ce n'est pas l'important. L'important c'est

d'obliger à réfléchir... Convaincre, c'est autre chose... Ne jugez pas, dit l'Evangile... si vous ne voulez pas être jugé!

Et Bertier lui répond :

– Ne condamnez pas... et vous ne serez pas condamné...

– Oui... pardonnez si vous voulez être pardonné...

– Tu as vécu des drames, toi... hein?

Bertier a aussitôt envie de retirer sa question.

Aussitôt envie de s'excuser devant le regard de Brigitte.

Mais c'est trop tard. Les mots ont été prononcés.

– Paul s'est tué il y a six mois.

– ...

Décidément, Bertier vit une soirée riche en cette fin d'année. Riche en émotions de toute nature. Une soirée-choc.

– A... à cause de toi?

– Oui.

– Tu es sûre?

– Sa dernière lettre ne me permet pas d'en douter. On ne soupçonne pas à quel point les êtres forts peuvent être fragiles parfois. Tu sais... j'avais vingt-neuf ans quand j'ai rencontré Paul. On ne s'est jamais mariés mais c'était tout comme. Lui en avait quarante-deux. Je me suis sentie tellement protégée, apaisée par lui après toutes mes conneries... j'avais l'impression de vivre dans un divan profond, moelleux... Avec le temps ça s'est un peu gâté... Paul avait des goûts... des habitudes un peu compliquées...

Moi... je n'étais pas très détendue... Et puis il y a six ans, j'ai rencontré... Guillaume.

– Il s'appelle Guillaume.

– Oui. Pourquoi? s'étonne Brigitte.

– Pour rien. Et il est architecte?

– Oui.

Et dans le regard qu'ils échangent il y a infiniment de tendresse.

– Quel âge?

– Le mien... Il est français. De mère anglaise et de père français. C'est un type extraordinaire.

– Et où est-il?

– Loin... Très loin. En Australie. A cause de moi. Après la mort de Paul, je lui ai demandé de s'éloigner... J'avais besoin de faire le point. Mais... depuis six mois je suis sans nouvelles de lui... et... je ne vais pas très bien...

Bertier prend la main de Brigitte dans la sienne. Ils ont un pauvre sourire tous les deux. Il y a tant de chagrin dans les yeux de Brigitte. Du chagrin ancien et du chagrin tout neuf.

– C'est lourd à porter tout ça... tu sais.

– Dis-moi si je peux t'aider...

– Tu m'aides. Tu es là. Je peux bien te l'avouer... tu es le seul être que j'avais envie de voir depuis que... maman... Le seul à qui j'avais envie de parler. Marcel m'a fait aussi du bien. Sa confiance m'a été précieuse. Il t'aime bien, Marcel. Il parle très bien de toi, tu sais. C'est curieux... après tout ce qu'il m'en a dit, je t'espérais... comme un refuge.

– Pourquoi n'es-tu pas venue plus tôt?

– L'état de maman s'est aggravé... brusquement. Et puis tu n'es pas toujours présent.

– Je te demande pardon...

– Oh non! non, ce n'est pas cela! Il y avait ton métier et mon vide professionnel. Ça m'a toujours bloquée... complexée... C'est tout. On avait tant de mal à se parler... le cahier m'a permis de t'écrire... Et puis enfin... j'ai quand même été heureuse par moments... tu sais. Je n'ai pas toujours eu besoin de toi, dit-elle en riant. Tout a commencé à se fracturer il y a un an et demi à peu près.

Et Brigitte lui raconta ce qu'elle avait vécu. Entre l'un et l'autre.

– ... Jusqu'au jour où Paul s'est cassé. Brisé. Comme s'il s'était heurté à un mur. A un mur infranchissable... C'est ce qu'il m'a écrit... Il s'est... je le crois... sacrifié pour moi... pour me libérer.

Et Brigitte pleure tout doucement. Bertier a pris ses deux mains dans les siennes. Une partie des clients du restaurant semblent s'étonner – comme d'une incongruité – devant cette jeune femme belle et ravagée qui pleure, face à « Fabrice Bertier »! Certains sourient. D'autres chuchotent. La légende s'enrichit. Bertier ne s'en rend même pas compte. D'ailleurs, il s'en moquerait éperdument.

– Brigitte, écoute-moi bien. Je ne veux pas abîmer l'image de qui que ce soit. Mais le véritable sacrifice, ce n'est pas de mourir, c'est d'accepter. C'est de supporter...

– Il ne le pouvait plus.

– Brigitte, il ne faut pas que tu te sentes

coupable, personne n'est en faute. Il n'y a pas de faute. Il y a pour chacun des états supportables ou insupportables, c'est tout. On est capable de les vivre, ou bien on les refuse. On peut renoncer à quelqu'un... disparaître... sans mettre fin à ses jours. Il y a sans doute dans le geste de Paul une autre cause. Une cause que tu ignores. Que tu ne peux pas comprendre mais qui était en lui et connue de lui seul. Le suicide, c'est parfois comme une victoire suprême sur les autres. C'est un acte de courage total... comme un défi à la peur naturelle de la mort. Crois-moi. Ce n'est pas toujours un sacrifice. J'en suis sûr. Je te le répète, le véritable sacrifice, c'est d'accepter... c'est de supporter... crois-moi.

– C'est un peu pour lui demander pardon que j'ai écrit... pour lui parler de moi... pour qu'il sache... de là-haut...

– Et tu as bien fait... tu as très bien fait... Il sait maintenant ce que tu as vécu.

Bertier continue à lui parler doucement. Longuement. Brigitte s'apaise peu à peu. Il est tard. Il faut rentrer. Le restaurant est presque vide. Bertier règle le montant de l'addition.

– Merci infiniment, monsieur Bertier...

Bertier a l'habitude et le souci d'être généreux. Toujours la légende.

Ils s'en vont tous les deux bras dessus, bras dessous, sans prendre garde aux regards admiratifs et aux commentaires potiniers des quelques attardés.

– Tu viens dormir à la maison.

– Si tu veux.

31 décembre.

Le lendemain matin, c'est un Bertier tout neuf qui téléphone à Madame numéro trois à Megève.

– Mon chéri, je suis désolé. J'ai 40°2. Une grippe foudroyante... Le docteur ne veut pas que je sorte. Pauline est partie voir sa sœur à Aix... et...

– Veux-tu que je rentre à Paris?

– Non, tu es folle! Non! Je... On m'envoie tout à l'heure une garde de jour et de nuit... Dès que ça ira mieux... j'arrive! Ne t'inquiète surtout pas! Et... ne m'appelle pas... je débranche le téléphone pour être tranquille... je te donnerai de mes nouvelles.

Après quelques échanges tendres et enamourés, Bertier raccroche.

Il est seul. C'est vrai. Pauline est partie pour Aix. Il descend chercher des croissants. Il fait le café. Et dans l'odeur du Nectar c'est un Bertier libre, heureux, et encore plus neuf qui appelle Marcel.

– Marcel?
– Oui...
– Je crois que j'ai trouvé une très bonne fin pour le scénario.
– Ah bon?
Marcel est d'une innocence exquise. Un vrai ton de jeune fille. Bertier, lui, ménage soigneusement ses effets. L'un et l'autre ont l'air de savourer avec gourmandise un instant rare.
– Oui... une très bonne fin... Pour l'instant elle dort encore... mais...
– Elle...?
– Elle dort! La surprise! La bonne fin!... Elle est couchée... Tu ne dis rien?
– Qu'est-ce que tu veux que je te dise?
– Que c'est une bonne fin...
– C'est une très bonne, très belle... fin. Et je suis très heureux pour toi... que tu l'aies trouvée... seul!
– Je te remercie.
– Il n'y a pas de quoi...
– Si... si, si, je te jure qu'il y a de quoi.
Ils se sont dit cela avec la même émotion grave, l'un et l'autre. Pour un peu, ils seraient capables de pleurer, ces deux imbéciles! Il est préférable qu'ils raccrochent.
– Marcel?
– Oui.
– Bonne année!
– Toi aussi... On se voit quand?
– Dès mon retour... Je t'embrasse.

Quelques minutes plus tard, Bertier accueille sa fille pour le petit déjeuner qu'il lui a préparé.

Un Bertier qui va avoir un an de plus au prochain millésime, et qui ce matin a trente ans de moins. C'est bien la première fois depuis longtemps.

– Je t'emmène après le petit déjeuner.

– Qu'est-ce que tu veux que j'aille faire à Megève ? lui demande Brigitte.

– Nous n'allons pas à Megève ! Nous partons pour Lille...

Brigitte regarde son père avec stupeur.

– Je voudrais aller au cimetière. Sur la tombe de ta mère. Je lui dois bien une petite visite. Après... on verra pour Megève. Tu aimes les croissants ?

Brigitte pose sa main sur celle de son père, avant qu'il ait pu prendre sa tasse de café. Ils se sourient tous les deux.

– Je t'aime bien, lui dit Brigitte.

Bertier ne sait pas très bien quoi répondre.

– Et les croissants ?

– Les croissants aussi.

– Moi aussi... j'aime bien les croissants.

C'est tout. Et c'est bien suffisant.

Le soleil s'est levé après avoir hésité depuis l'aube. Il fait étinceler la neige propre sur la place.

– Il fait beau, hein ?

– Oui... papa !

ÉPILOGUE

Il n'est pas nécessaire d'avertir Bertier qu'une femme nouvelle est entrée dans sa vie. Et que celle-ci va peut-être compter plus que toutes les autres. Ils se sentent comme les deux faces d'une même main.

Solidaires.

Bertier a déjà décidé de tourner certaines scènes d'extérieurs en Australie...

Je me demande même si cette femme nouvelle ne sera pas la marraine de son futur demi-frère. Ou de sa future demi-sœur...

Fabrice Bertier, acteur célèbre, a tellement le sens de la famille...

Paris, février 1989.

3028

Impression Brodard et Taupin
à La Flèche (Sarthe) le 20 juin 1991
6640D-5 Dépôt légal juin 1991
ISBN 2-277-23028-6
Imprimé en France
Editions J'ai lu
27, rue Cassette, 75006 Paris
diffusion France et étranger : Flammarion